国家社会科学基金重大项目阶段性成果

农产品流通研究丛书

总主编：王先庆　叶祥松

乡村振兴战略文库

农产品流通

AGRICULTURAL PRODUCTS CIRCULATION

王先庆　郑红军　房永辉◎著

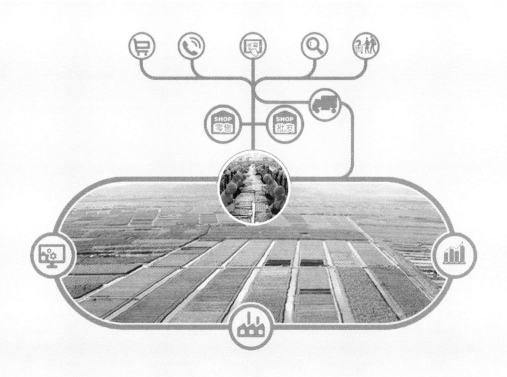

经济管理出版社

ECONOMY & MANAGEMENT PUBLISHING HOUSE

图书在版编目（CIP）数据

农产品流通/ 王先庆，郑红军，房永辉著 . —北京：经济管理出版社，2019.4
ISBN 978-7-5096-6503-9

Ⅰ.①农… Ⅱ.①王… ②郑… ③房… Ⅲ.①农产品流通—研究—中国
Ⅳ.①F724.72

中国版本图书馆 CIP 数据核字（2019）第 063409 号

组稿编辑：杨　雪
责任编辑：杨　雪　杜奕彤
责任印制：黄章平
责任校对：陈　颖

出版发行：经济管理出版社
　　　　　（北京市海淀区北蜂窝 8 号中雅大厦 A 座 11 层　100038）
网　　址：www. E-mp. com. cn
电　　话：(010) 51915602
印　　刷：唐山昊达印刷有限公司
经　　销：新华书店
开　　本：720mm×1000mm/16
印　　张：11. 25
字　　数：181 千字
版　　次：2020 年 10 月第 1 版　　2020 年 10 月第 1 次印刷
书　　号：ISBN 978-7-5096-6503-9
定　　价：55. 00 元

《农产品流通研究丛书》编委会

《农产品流通研究丛书》总序

近年来，随着稻谷、玉米等主要农产品的市场供给进入相对过剩阶段，这也就意味着，制约中国经济社会发展几千年来的粮食极度短缺、严重供不应求的大难题将永远成为历史，买方市场的形成从此彻底改变了中国农产品市场的供求格局，中国农村的根本问题开始由生产问题转为流通问题。因此，在此背景下，中国农村的农产品流通渠道建设、农村物流体系、农产品品牌打造、农产品市场体系、生鲜食品安全等一系列流通和市场问题，从来没有像今天这样突出和重要。

那么，在新的形势下，中国农产品流通的现状如何，出现了哪些新特点、新现象和新问题，经过了哪些演变阶段，有哪些发展趋势，消费升级与农产品流通有什么样的关系，农产品生产与流通有着什么样的互动关系？在"乡村振兴"战略下，农产品流通处于什么样的地位、有哪些功能和作用，农产品流通与农村供给侧结构性改革有什么关系？在"互联网+农产品流通"的大背景下，农村物流与电商如何发展，农村物流园区如何建设，农村电商体系如何构建？在当前的市场环境下，生鲜食品流通体系又如何构建？等等，这些都是当前"三农"问题中的重点难点问题，必须进行深入研究，进而为实践和决策提供理论支撑。

广东财经大学商贸流通研究院一向以"构建有中国特色的现代流通理论体系"为使命，围绕农产品流通组建了专门的研究团队，成立了农产品流通研究中心，还成立了多个课题组。研究团队联合广东省商业经济学会、广州大学、广东温氏集团等单位，共同组成了若干个课题组，紧密联系实际，对上述一系列问题展开深入的跟踪调查研究和理论探讨。课题组成员不仅深入全国各地近 20 个省份的田间地头、种养植基地、各类农产品市场、仓储物流中心、农产品展销会或博览会等，近距离观察和了解了农产品流通的现状以及出现的各种新变化和新问题，还通过举办包括"华南农村流通论坛"等多种方式，与各级供销社、相关科研机构、行业协会和龙头企业进行广泛的沟通交流和学术探讨，凝集各地专家的智慧，深化研究成果。正是在此基础上，研究团队和课题组成员取得了一系列研究成果，并获得了包括国家社会科学基金重大项目在内的各级课题立项。

《农产品流通研究丛书》既是以上部分研究成果的结晶，同时也是2014 年广州大学和广东财经大学联合申报并立项的国家社科基金重大项目"建设统一开放、竞争有序的农产品市场体系研究"（首席专家叶祥松教授，课题编号：14ZDA031）的阶段性成果。本套丛书由中国农业大学安玉发教授、广东财经大学黄晓波教授、广东温氏集团营销公司陈志强总经理担任顾问，由广东财经大学商贸流通研究院院长王先庆教授和广州大学博士生导师叶祥松教授共同担任总主编，由广东财经大学农产品流通研究中心主任王朝辉教授和广东省社会科学界联合会决策咨询研究中心郑红军主任共同担任执行总主编。本套丛书由《农产品流通》《农村物流园》《农村电商论》《生鲜流通论》《农业契约链》五本著作组成，分别由王先庆、潘苏、李曼、徐忠爱、除金山等专家作为主要执笔人。五本著作除了各主要执笔人外，还有 30 多位专家以及研究生（见编委会名单）不同程度地参与了课题调研、提纲讨论、资料整理、成果交流和编稿审稿等工作，可以说，尽管在每本书的前言或后记中，没有完整地记录研究团队各位专家的贡献，但必须强调和说明的是，这套丛书是编委会全体成员的共同成果。

本套丛书得以立项和出版，特别要感谢广东财经大学科研处、经济学院、国际商学院以及广东省重点智库华南商业智库、广东省重点决策咨询研究基地商贸物流与电子商务研究中心、广州市现代物流与电子商务发展研究基地等机构单位；非常感谢广东温氏食品营销有限公司对研究团队的大力支持，实际上，本套丛书也是"新形势下生鲜食品流通体系产学研协同创新"的阶段性成果之一。此外，还要感谢中国农业大学农产品流通与营销研究中心、华南农业大学经济管理学院、中国供销农产品批发市场控股有限公司、广东省供销合作联社、广州市供销合作总社等单位和机构的领导及专家们的指导与支持。当然，由于我们的研究脱离不了所处时代的影响，也脱离不了我们自身能力不足的限制，这套系列丛书难免存在这样那样的不足或局限性，但我们真心希望相关的研究能对农产品流通的决策研究和企业实践有较大的参考价值，因此，我们也真心期待读者们批评指正，以期进一步修改完善。

王先庆　叶祥松　于广州

2018 年 1 月 18 日

前　言

　　本书试图通过构建适应我国现代农业生产经营的新型契约链来解决我国现代农业各生产经营主体之间契约关系不稳定和履约率低下的问题。首先，通过对世界范围内两种主要农业经营组织模式，即农业纵向一体化和农业纵向合作化具体应用情况的理论分析后，我们认为，农业纵向合作化可以有效地实现从传统农业向现代农业的过渡，而能否构建稳定的农业纵向合作组织，关键在于组织成员之间的契约关系的稳定与否。对我国现有农业经济组织模式及其契约关系进行分析后，本书发现，我国农业契约不稳定的情况广泛存在于各类农业组织当中，这严重制约着我国现代农业的发展。

　　其次，为了深入分析现有农业组织模式背后契约关系不稳定的根本原因，我们对现有农业契约的主要模式——单维契约模式，即订单农业的稳定性以及效率进行了数理分析，得出该模式存在内生性不稳定的结论。为了解决这一问题，在前文分析的基础上，本书构建了三维度契约理论，即用交易、生产以及资源三种维度的契约而不是单一交易维度契约来链接契约各主体，深入探讨其契约关系的内在机理，并对三种维度契约提出了相应的专用治理机制。

　　再次，以三维契约理论为基础，我们设计了模块化的农业契约链，将农业生产全产业链按其生产环节的主要功能，分割为种源模块、种养模块、加工模块以及营销模块，然后以三维度契约链接以上各个模块并配套专用的治理机制，以此形成覆盖全产业链、具有内生稳定性的新型现代农业契约链。通过模型推导，我们证明了该新型现代农业契约链较原有单维度契约而言，不仅具有更好的稳定性，而且可以在不需要第三方机构监督的情况下，随着各主体博弈次数增加，同时实现农产品最终销售价格的下降、总产量的上升以及全产业链总收入的上升。

又次，我们设计了以新型现代农业契约链为核心的新型农业组织模式——农业专业商社。该组织模式以农业专业商社的中心签约人为组织核心，通过种源模块、种养模块、加工模块以及营销模块的构建，形成共生型多功能纵向合作化组织，该组织模式运用二次嵌入治理机制稳定交易维度契约、运用渐进投入治理机制稳定生产维度契约、运用交叉持股治理机制加强原有资源维度契约关系，从而带来组织租金提升和契约链的稳定。该组织模式较我国农业生产现有的农企对接模式、三方模式、农超对接模式而言，有着组织稳定性强，风险分配合理以及生产效率高等优势。

最后，本书的相关研究表明，为了尽快培育该新型现代农业组织模式，重点在于设立农业专业商社，并用其代替地方政府作为农业改革的主体。本书的对策建议是，加快土地等各领域市场化改革步伐，发挥市场在土地、技术等各种资源配置中的决定性作用；各级地方政府一方面需要通过提供农业合同样本，实行大宗农产品交易价格上报制度等方法来稳定现有契约关系；另一方面应该根据各地资源优势，建立农业专业商社，并以其为核心，加大农业技术开发的力度，通过建设现代农业产业园区，吸引资本、技术、人才进入农业产业链各环节，最终实现现代农业契约链的稳定运行以及我国农业的现代化。

目　录

第一章　农产品流通起源与过程

改革开放以来，我国国民经济持续健康发展，初步实现了小康社会的基本目标。但"三农"问题随着经济的进一步发展逐步显露出来，其与土地管理体制、政府职能发挥、农民的组织化程度、为农服务体系等诸多体制因素密切相关，在农村市场体系建设中反映突出，亟待解决。在此基础上，党的十六届三中全会专门就完善社会主义市场经济体制做出重要决定，并对健全农业社会化服务体系、加强农产品市场体系建设提出新的目标和具体要求。从社会各界的反响来看，加强农村市场体系建设已成为现阶段中国经济发展、建设和谐社会的紧迫任务，其表现的好坏直接影响我国社会经济建设目标的实现。

农村市场体系的核心是农业生产资料、农村日用消费品供应及农产品销售，它是保证农村经济发展和城乡居民生活的物质基础。没有发达的农村市场体系，就难以保证农业生产资料、农民生活资料的供应，难以实现农产品的市场价值，难以有效保证农民利益，也就不可能有农村经济乃至整个国民经济的持续发展。从这个方面来看，农村市场的发展对整个国民经济的健康发展有重要的作用。但是，中国现阶段的农村市场体系的发展却不尽如人意，表现为市场发育情况差、农村市场不能满足农村消费者的需求、农产品的市场价值失真、"三农"问题突出，究其原因，农产品流通产业的发展不力有很大的责任。

第一节　农村市场与农产品起源

一、农产品流通与农村市场

农产品流通起源于农村，与农村市场密切相关，也是农村市场的核心组成部分。一般认为，农村市场指的是农村居民或家庭为满足其生产生活需要而买卖有关商品的交换关系的总和。这个概念中的商品，既包括有形的产品，也包括无形的劳务产品；既包括生活消费品，又包括生产资料商品。

农村市场划分为农村生活消费品市场、农产品市场和农村社会化服务市场，这些市场相辅相成，既相互影响又相互制约。

1. 农业生产资源市场

该市场即农村生产要素的流通市场，简称"农资市场"。农资市场一般经营种子、种苗、化肥、农药、饲料、兽药、农机、塑料薄膜等与农业生产密切相关的商品，它们有利于提高农产品的质量和产量。由于农民的收入主要来自农业产品的销售，因此，农资市场直接关系农民收入的好坏，最终影响农民的消费水平。

2. 农村生活消费品市场

该市场就是通常意义上的生活消费品市场，只是消费的主体是农民而已，主要的商品包括日常生活用品、电器家具、装修建材商品等。生活消费品市场是否完善、商品结构是否合理、商品质量是否有保证、价格是否公道，都直接影响农村居民的生活。一般而言，受收入等条件的限制，农村生活消费品市场上流通的商品档次低于城市市场。

3. 农产品市场

该市场即为农民作为供应商出售自身生产的农业产品的市场。农产品市场是否规范、基本设施是否齐全、资讯是否通畅以及流通体系是否完善等直接关系农产品是否能顺利出售，从而直接影响农民收入，并最终影响其余农村市场的发展。所以，农产品市场对整个农村市场的运营情况具有决定性的影响，在农村市场中居于核心地位。另外，城市近郊普遍存在的农产品集贸市场，由于是向城市居民提供农产品（主要是瓜果蔬菜和副食品）的场所，也被归入农产品市场的范畴。

4. 农村社会化服务市场

这个市场是新兴的市场，是随着社会化分工的进一步细化和市场发展的需要而兴起的。如今的社会生产是系统的、相互紧密联系的，社会分工越发细致化。农业生产所需的一系列服务，如科技服务、代办储运、代加工、信息传递、金融信贷、保险服务等都开始由专业化的供应组织提供。同时，农村社会化服务市场也包括生活服务业，如饮食、医疗、保健、文化娱乐、电器维修、教育投资等。随着农村经济的发展和农村居民生活水平的提高，该市场将得到进一步的发展。

二、农产品流通起源

农产品流通的起源可以追溯到久远的原始社会末期。《周易·系辞》就市场的起源记载道："神农日中为市，致天下之民，聚天下之货，交易而退，各得其所。"司马光在《资治通鉴》中也说："神农日中为市，致天下之民，聚天下之货，交易而退，此立市始。"这两种说法都认为原始市场是从神农氏的时代开始出现的。但神农氏是传说中的上古帝王，是否真有其人，已不可考。不过根据历史典籍的记载和一些推断，至少有一点可以肯定，即当我国古代社会进入农业时期，社会生产力有了一定发展后，先民们就开始有了少量剩余产品可以交换，因而产生了原始市场。先民时期，自然不可能有城镇的出现，所以，这最早出现的交易市场自然是中国的农村交易市场。

另外，关于原始市场的记载还涉及"市井"一词。"市"在古代也称作"市井"，这是因为最初的交易都是在井边进行的。《史记正义》写道：

"古者相聚汲水，有物便卖，因成市，故曰'市井'。"古时在尚未修建正式市场之前，常是"因井为市"的。这样做有两点好处：一是解决商人、牲畜用水之便，二是可以洗涤商品。《风俗通》云："于井上洗涤，令香洁。"后来，陕西省城镇附近，均设有井让商人饮马之用。这一遗风延续了下来，直到20世纪50年代，仍能在乡镇中见到。"市井"一词也一直沿用至今。综观中国原始的农村市场，一般有以下几类：

1. 集贸市场

集市，即农村或小城市中定期买卖货物的市场，古代也叫"墟市""集墟"。"集"含"人与物相聚会"之意。到集市买卖称"上集""赶集"，到集上随便看看称"逛集""赶闲集"。陕南称赶集为"赶场"。大型的集也叫"会"，如"物资交流大会"。根据记载，中国早期集市分行业设市（肆）。各市都有固定集中的营业区域，常见的市有：

（1）粮食市。经营对象为原料、面粉、菜油。经纪人提着秤，叫"提秤的"。大宗买卖由经纪人撮合卖方和买方。

（2）柴草市。一般设在粮食市附近，出售麦草、硬柴、煤炭。旧时，忌长途贩运硬柴，民谚就说"千里不贩樵"，因为运费贵，不合算。

（3）蔬菜市。该市有许多讲究和忌讳，如装卸蔬菜时，不能乱扔乱抛；存放蔬菜时，要将各种蔬菜分别堆放整齐，不得乱堆。叶菜忌折叶，茎菜忌断节，果菜忌破皮，根菜忌带泥，冬菜忌断梗，蒜和葱头忌水浇。蔬菜是需要经常保鲜的商品，旧时运输条件落后，长途贩运会使青菜失鲜。

（4）禽蛋市。农村家家养鸡，靠出售鸡蛋换取零花钱，因此在农村集市中，卖鸡蛋的很多，农民卖鸡蛋不论斤，论个。渭北、陕北罕见鹅、鸭。清代在耀州（今耀县）市场上，甚至有用两只羊换一只鹅者。顾曾炬在光绪年间任知州时，曾在诗中写道："慨无初写《黄庭》字，市值双羊换一鹅。"

（5）骡马市。经销马、驴、骡、牛等大家畜。买卖双方不直接交易，而经过经纪人成交。

（6）猪羊市。经销猪、羊、猫、犬等。由于和骡马市相比，利薄，所以经纪人少。

（7）棉花布匹衣服市。乾县、礼泉、永寿、长武等县，仍为一个市；长安、蒲城、大荔等县分作棉花、布匹、衣服三个市；三原县又把布匹分为棉花市、化纤市。这些市相距近，但分开经营。

2. 庙会市场

庙会，亦称庙市，是一种岁时风俗，是与市场交易、民间信仰、文化娱乐有关的节日活动，一般设在庙内或其附近。从唐代起，它就作为我国的集市形式之一，一直延续至今。庙会上，商品的数量、品种都比通常集市多出几倍。有的庙会，一夜之间能招来几十个乡、县甚至几个省的群众来助兴，自然在旧时就占有了十分重要的市场地位。在中国，一般的农村区域庙会包括以下市场：

（1）土产品市场。土产品市场，是庙会贸易的主体市场。土产品种类很多，农具：以木制者居多，如犁、耧、木锨、木叉、扁担、架子车、大车及镰刀、锄头、铡刀等。例如，在户县庙会上，人们喜欢购买"西羊村的'端错错'（指木锨把）、南羊村的'板板薄'（指锨板子）、东羊村的'眼眼多'（指竹筛子）。"日用品："如盆、瓮、锅、镦、碗、碟、棒槌等。其中韩城的铁锅、扫帚，白水的菜刀，留坝的手杖，商南的砂锅，南郑的藤椅、棕箱，另外还有许多其他产品，都深受顾客欢迎。"家禽家畜：如牛、马、骡、驴、羊、猪、犬、鸡等。有些地方，将庙会称作"骡马大会"。

（2）饮食市场。庙会市场具有明显的游乐性质，和平时集市相比，饮食市场特别发达。庙会期间，临时建成的饭馆、酒馆、茶馆林立。它们一般在布棚、席棚中营业，也有露天的，主要经销大众食品，如浆水面、大刀面、麻食、膜子面、胡辣汤、水盆羊肉、羊肉泡馍、小笼蒸饺等。

此外，在庙会上还有许多小贩挑着担子在人群中穿行，哪里有生意，就在哪里营业。此类小贩，常见而有特色的，有以下十多种：卖饸饹的、卖凉粉的、卖面皮的、卖馄饨的、卖蜂蜜凉粽子的、卖醪糟的、卖油茶的、卖豆腐脑的、卖冰糖葫芦的、卖徽子的、吹糖人的等。

（3）玩具市场。庙会市场上的玩具最为花哨。民间儿童玩具摊上，摆满了假面、戏剧木人、小车、刀矛、竹龙、竹哨之类的小玩意儿。岐山县周公庙会，还大量销售造型别致的"泥娃娃""泥老虎"。这是一项历史悠久的传统习俗，不同玩具有不同的用途："泥娃娃"供进香求孕的人用，"泥老虎"供赶庙会的群众带回家镇凶安宅。卖玩具的方法有多种，如"套圈、摇彩、打枪等"。

就中国古代原始农村市场而言，除了集市和庙会市场，往来各地的行商也占了很大的比重，这些行商通过贩运农村市场商品赚取利润，是很重要的农村商品市场的参与者。

3. 行商

行商，包括帮客、厢客、边客等。其中，帮客也叫"帮会"，是带着货物长途贩运的团体。有些是以同乡关系结成帮的，如京帮、津帮、山东帮、山西帮、川帮、陕帮、泾阳帮等。有些是因所贩运的货物种类结成的，如盐帮、粮食帮。也有因运输工具而结成的，如车帮、马帮、船帮。每一队帮客中，都有首领指挥一切。帮内都有各自的规矩。

厢客和边客，是两种特殊的行商。中国古代原始市场中的一些特种商品，如厢木和皮货都是要靠厢客和边客才能在市场上流通的。

三、农产品流通主体

在我国不同的发展阶段中，农产品流通体系中活跃的主要流通组织也不相同。在改革开放深入推进和经济不断发展的背景下，我国农村市场的流通组织有以下几种发展情况较好：

1. 个体私营零售商

市场经济体制确立以后，农产品流通体制也逐步实施了改革开放的相关措施，改变了以往计划生产、计划销售、计划供应的流通体制。在这种情况下，多种资本形式如集体、私营、股份制、中外合资等进入流通体系，农产品流通体系得到了发展优化，形成了多种经营形式、多条流通渠道、多种经济并存和少环节的"三多一少"的流通格局。农产品流通体系的一个发展亮点就是农民个体私营零售商的迅速崛起和发展。农村市场需求分散、批量较少、地域偏远、交通不便，使得大型流通企业进入农村市场有很大的不便，经营成本高，获利少，因此，流通企业在农村的网点薄弱，落后的农村地区这个情况更加突出。

农村个体私营零售商最大的优势在于业主贴近农村，了解农民需求，分布广泛，经营方式灵活，与村民熟悉，很容易获得农村居民的认可。零点调查网调查得知，在农民消费过程中对销售终端的总体评价中，村内便民店优势明显，乡镇消费场所也有较高的优势。在农村"终端"的选择中，方便是第一要素，理所当然，个体小店最方便。因此，即使在今天，依旧有很多地区的农村零售业态主要由这种小店铺、杂货店构成。

随着农村经济的发展，这些"个体小店"的缺陷逐渐地暴露出来，它们大多数组织分散，经营规模小，市场竞争力差，在加工、运输等方面的综合经营存在很大的局限性，难以适应市场经济下大生产、大零售的需要，只能在一定程度上满足农民的消费需求。同时，个体经营者由于依靠经验积累，缺乏市场、营销方面的知识，因此，自身在观念、知识等诸多方面存在局限性，使得业态经营者素质整体偏低、零售业的集中度低、零散度高、整体竞争力低下，也为大量假冒伪劣产品充斥农村市场提供了便利。另外，农村中县级以上的国有零售企业、集体（含供销社）零售企业、规模较大的私营零售商在小城镇建设的分店，往往采用超市或小型专业点的零售业态，规模也较小，经营分散。

2. 专业批发市场

专业批发市场，即专业化批发市场，是以现货批发为主，集中交易某一类商品或若干类具有较强互补性和互替性商品的场所，是一种大规模集中交易的做商式的市场制度安排，是一种贸易空间集聚现象。专业市场的交易空间既可以是实体的现货交易市场，也可以是无形的虚拟交易市场。专业市场是与综合市场相对而言的按商品分类建立起来的市场，包括纺织品服装、食品饮料烟酒、药材药品及医疗器材、家具、小商品等专业市场。

各种类型的专业批发市场是我国目前农村商品主要的流通形式之一，这类市场一般是在地理或经济等相关因素作用下由批发商自发聚集而成的，大多数位于大城市的城郊接合部或一些中小城市、县城等，后来在政府的规划下逐步形成专业批发市场，成为区域商品的批发、分销中心。由于批发市场对资金、信息、人流、商流具有集聚效应，可以在很大程度上解决农村市场过于分散的问题，达到以点带面的效果，因此，在目前，批发市场仍将是我国农村商品流通的一种主要形式。

由于地域间的发展不平衡，我国农村专业批发市场在不同地区的发展存在很大的差别，不同地区的市场发展进程不同，总体上，农村专业批发市场在相对发达地区的发展较早，而欠发达地区则起步较晚。从业态类别上看，农产品专业批发市场和一些经营杂货的综合性批发市场经营较好，区域性、全国性的特种专业批发市场发展缓慢，不能适应农产品流通发展的需要。

3. 零售连锁

20 世纪 90 年代初，连锁经营作为一种较为先进的经营生产方式在我国逐步发展起来，并且由于具有扩大经营规模、降低成本等优势得以向全国延伸。90 年代后期，连锁经营进入流通体系，初步显示出强大的生命力和良好的发展前景。在东部的广大农村地区，连锁经营等现代流通方式的发展十分迅速，并呈现和电子商务相结合的发展趋势，形成了基于中国农村市场的新的经营模式。然而，作为现代流通方式的连锁经营在农村市场的发展还处在起步阶段，大部分的基本流通设施、经营观念和经营组织都无法支撑连锁经营的开展，无法满足现代物流配送、企业信息集成建设等连锁经营的内在要求，大大制约了连锁经营在农村市场的发展，因此搞活流通，对于农村业态的优化、农民生活水平的提高有重要的意义。

4. 供销社

1949 年到 1992 年，我国的农产品流通渠道一直是以地、县、乡三级国营供销社系统为主的，供销社在我国农村中扮演着商品流通主体的角色，这与当时农村商品流通实行所谓的"统购统销"有着密切的关系。

计划经济体制下，企业专门负责生产，并不需要考虑商品流通的问题，国家统一收购，国营农村供销社按照固定的区域、固定的供应对象及固定的倒扣折价率"三固定"的模式进行统一销售。在这种流通体制下，供销系统不需要自己组织货源，不用关注农民的需求，只需按照国家计划对国家制定的商品进行销售。因此，供销社不仅没有积极性和主动性，也无法为农民提供所需的商品，更无法为农民提供收购、仓储、运输、信息等综合服务。近年来，随着我国经济的转轨变形，历史环境的变化，加上历史遗留的沉重负担，使得许多农村地区原有的功效网络消失大半，供销社的经营陷入了困境，无论是在农业生产资料的供应，还是农副产品的收购方面，供销社所占比重都连年下降。现在，全国基层的供销社除了少数省市的供销社尚保有健全的组织体系和主要经营的农业生产资料，还能在农资市场略有作为外，其余几乎都退出了农村零售市场，取而代之的是国有、私营、合资、集体等资本多元化，直营、经销等结构多元化的市场流通体系。

5. 农业流通领域的专业合作组织

所谓农业合作组织，指的是为专业化生产的农户提供服务的合作组织。农业流通领域的专业合作组织，就是为专业化生产的农户提供流通服务的合作组织，这是一种独特的组织形式。截至目前，我国农业专业合作组织已有几十万个，带动了上亿农户，与之相对应，农业流通领域的专业合作组织也成为我国农产品流通体系中的重要组织。依据涉及农产品流通业务的程度，农业流通领域的专业合作组织可分为以下几种形式：

（1）专业技术协会。专业技术协会是我国农村经济体制改革后最早出现的、发展较快的一种专业合作组织，主要进行农业科技开发、交流和推广，为会员专业化生产提供技术服务，随着实力不断增强，其业务逐渐覆盖商业领域，为会员提供产前、产后的流通增值服务。在农业流通领域的专业合作组织中，其涉及的流通业务最少。

（2）专业协会。专业协会是发展了的专业技术协会，其与专业技术协会不同的是，业务范围一般较专业技术协会更加广泛，其既为会员专业化生产提供技术服务，也代表会员同有关政府部门协商会话，还可以为会员提供购销服务。因此，农业技术协会是专业协会的特殊情况，专业协会基本符合合作社的原则，但是其还达不到合作社的规范化要求，是合作社的初级形式。在流通领域的业务方面，专业协会已经广泛涉及购销服务部分。

（3）专业合作社。专业合作社是从事专业生产的农户（农场），通过入股的形式组建起来的为专业生产服务的经济实体，其服务范围可以是科技服务，但是实际发展中其主要的业务逐渐变为农业生产资料的购销、农产品加工、仓储、销售等营销服务。专业合作社是社员所有并为社员服务的企业，社员既是合作社的所有者，也是顾客，因此，社员与合作社的关系较专业协会紧密，涉及的流通领域的业务也较广。

（4）合作社专业市场。合作社专业市场是作为商品生产者的农户（农场）为销售自己的产品，并提高自身在市场中的经济地位，出资入股合办的合作社性质的专业市场，如蔬菜和花草拍卖（批发）市场，专门为农民的蔬菜或花草产品进入市场提供销售服务。合作社专业市场基本符合合作社原则和现代企业制度，是专业合作社的特殊形式。

农业流通领域的专业合作组织可以有效地将农户带入市场，维护农户权益，增加农民收入；为农户提供质优价廉的系列化服务，促进农业生产的专业化、商品化、产业化发展；提高农产品的质量竞争力和价格竞争力。因而，发展农业流通领域的专业合作组织是解决我国"三农"问题、扩大农村需求的有效途径。

6. 农产品流通中介组织

农产品流通中介组织，作为市场中介组织的一种，是在传统农业发展过程中，为了解决小生产与大市场的矛盾，搞好产销衔接，节省农户与市场的交易费用，推动社会分工和专业化进程而逐渐发展起来的新型经济组织。这种经济组织以市场为导向，可帮助农民提高组织化程度，加强农产品的市场竞争力，降低农民进入市场的风险，减少中间盘剥，对农民提高经济效益、增加收入，进而对保持农业生产和农产品供应的稳定具有重要的作用。很多学者将农业合作组织归为农产品流通中介组织，本书有不同的看法，认为农产品流通中介不包括合作性质明显的农业合作组织。依据主要职能的不同，农产品流通中介组织一般分为以下三类：

（1）销售型流通中介组织。这是农产品流通中介组织发展初期最为普遍的形式，它们以为农民销售农产品为特征，如农产品销售代理商、农产品经纪人等。

（2）服务型流通中介组织。这种组织形式以为农民提供产前、产中、产后的各种服务为特征，通过服务把农产品的各个环节有机地结合在一起。这是农产品流通中介组织发展到较高层次的产物，目前这种形式最具普遍性。

（3）管理型的流通中介组织。这种组织形式的主要任务是管理、协调，当然这种管理和协调也是建立在为农民提供服务的基础上的，通过服务实现管理。各种商会、半官方性质的行业协会就属于这种类型，它们都以对农产品市场的运行进行管理为特征，管理的出发点仍然是维护农业生产者的根本利益。

随着改革的深入和农村商品经济的发展，农产品流通体系愈发受到重视，建设颇有成效，主要体现在基础设施逐渐完善，市场功能齐全化，市场管理、市场秩序的规范化，新的现代流通方式如连锁经营、电子商务、现代物流等也在较为发达的地区发展起来。

但是，由于我国区域经济发展不平衡，各个地区农产品流通体系的建设状况有很大的差距，在经济较为落后的农村地区，旧的流通观念和流通方式仍占主导地位，发展现代流通的条件还有很多欠缺，距离流通现代化的要求还有很大的距离，严重制约了农村商业流通，影响了农村经济的发展和农民收入的增加，所以，发展流通将是解决"三农"问题、促进农村现代化的关键。

第二节　我国农村市场的发育

我国农村市场体系可分为有形市场和无形市场。有形市场又称为商品市场。中国市场建设司将有形市场定义为适应农村经济发展的多种类型、多级层次、互相促进、互相依存的商品市场有机统一体，形成以期货市场为先导、批发市场为中心，连锁超市、集贸市场、便民零售店等多种业态共存的网络化格局。[①]

无形市场则是指没有固定的场所和相应的市场交易规则的市场，实质上是一种中介市场或过渡市场。其主要功能是及时收购农村生产者手中的农副产品并运送到有消费需求的城市和地区，将城市生产的工业消费品和农业生产资料及时运送到农村。其物流媒介主要为城乡各类运销户、经纪人以及农村各类合作经济组织产业协会等。近年来，农业电子商务企业的崛起为中国农村市场体系中的无形市场的发展带来了更多的活力。

一、我国农村商品市场的发育

总体来看，我国农村商品市场有形市场的发展脉络是比较清晰的。在我国实行计划经济的 30 年间，特别是在 20 世纪六七十年代，我国农村消费品市场和商品成交额不断减少，1976 年达到最低点，有形市场的发育基本上处于一个停滞的状态。但是，即便如此，全国当时仍然有 29227 个市场（主要是传统的集市贸易市场）。

改革开放以来，我国农村商品市场随着经济转型、农村经济的发展而迅速增长，除了传统的集市贸易市场，各种综合市场、专业市场及批发市场、期货市场都陆续发展起来。这一时期，都可以看作我国农村商品市场

---

① 王成慧，郭冬乐. 我国农村流通发展 30 年之成就 [J]. 中国流通经济，2008，22 (12)：8-11.

体系的初次发育。1994 年，中国农村商品市场总数达到 66569 个，是中华人民共和国成立以来的最高值。1995 年由于整顿，市场总数有比较大的减少（63000 个），1996～1998 年再次增长，1998 年达到 65050 个。此后，随着乡镇一级行政区划的调整、"撤乡并镇"及相应的市场变化，市场总数又逐年有所下降，截至 2001 年，农村商品交易市场总数是 62416 个。①这一阶段，虽然从市场绝对数上来看，农村商品市场发育有限，但是，这一阶段前期出现的多种市场在中国农村市场中的地位逐渐清晰，很多新市场的规模有了很明显的扩大，市场的内部管理也在逐渐完善。

时至今日，我国农村有形市场的大规模发育和建设阶段已基本结束。这一阶段的基本成果，就是初步形成了包括农村消费品市场和生产资料市场、批发市场和集贸市场、有形市场和无形市场的农村市场体系。

二、我国农村无形市场的发育

农村的农产品交易分两种类型，一种是农民直接进场交易，另一种通过无形市场交易。无形市场多以直销、订单、网上交易等形式存在。城乡各类运销户、经纪人，以及农村各类合作经济组织、专业协会是其主要的媒介。本部分通过农村市场流通主体、农村商品交易手段和农产品期货市场的发育状况间接说明我国农村无形市场的发育状况。②

1. 农村市场流通主体的发育状况

近年来，参与流通的各类农村市场主体相继出现了诸多形式的经济组织，形成了多种经济成分的市场主体共同发展的格局。在消费品流通中（包括工业消费品和农副产品），农民个体运销户、经纪人、各类农民合作组织、农业产业化龙头企业等成为农村市场的主力军，他们对活跃农村市场发挥着不可替代的作用。

农业部有关资料显示，到 2004 年底，我国各类农业产业化经营组织超

---

① 资料来源：中华人民共和国商务部市场运行和消费促进司。

② 但是，有关无形市场的全貌及其详细情况，由于缺乏权威部门的全面调查，仍然是不清楚的。

过 10 万个，带动 7000 多万农户，每户年均增收 1000 多元；农产品市场发展到 2.7 万多个，其中批发市场 4500 多个，年交易额超过 1.3 万亿元，占整个农业总产值的一半，此外，还有大量活跃在农村经济领域，以收取佣金、赚取差价为目的，为促成他人交易而从事农产品产、加、销中介服务的农民经纪人。这类组织的特点是包括农民在内的任何投资主体都可设立，产权关系比较清晰，采取商业化经营；与农业生产者处于平等地位，用各类服务与农业生产者实行等价交换，服务不仅要按全额补偿成本，还要取得合理盈利。2000 年后，这类组织对中国农村市场的发育贡献了相当大的力量。

2. 农产品交易方式

农村市场中的交易，虽然仍然以现货交易为主，但是订单交易方式在一些地区和产品交易中已得到运用。

现货交易具有手续简便、灵活，适用面广，银货两清后，卖方得到货币，买方获得商品，几乎不存在信用风险等优势，一直是最为广泛使用的交易方式。目前，农村生产资料、工业消费品交易的各环节均使用这种交易方式。农产品交易，仍然大多采取现货交易方式。

近年来，在农业结构调整和农业产业化经营过程中，订单农业得到重视和快速发展。目前，订单农业有五种形式：

（1）农户与科研、种子生产单位签订合同，主要是签订农作物制种合同，依托科研技术服务部门或种子企业发展订单农业；

（2）农户与农业产业化龙头企业或加工企业签订农产品购销合同，依托龙头企业或加工企业发展订单农业；

（3）农户与专业批发市场签订合同，依托大市场发展订单农业；

（4）农户与专业合作经济组织、专业协会签订合同，发展订单农业；

（5）农户通过经销公司、经纪人、客商签订合同，依托流通组织发展订单农业。

3. 我国农产品期货市场的发育情况

中国的农产品期货市场从 20 世纪 90 年代建立以来，经过多年的发展，已初步形成了涵盖粮、棉、油、糖四大系列的农产品期货品种体系。目前，郑州和大连两家商品交易所上市了小麦、玉米、棉花、大豆、白糖、豆油、菜籽油、棕榈油等农产品期货品种，生猪期货品种也处在积极的研究开发中。中国农产品期货市场处在健康发展的良性轨道上，中国农产品期货市场价格成为重要的市场指导价格，在国家经济的发展中发挥着促进性作用。

2018 年，我国期货市场成交整体呈回暖趋势。全国期货市场累计成交量为 30.29 亿手，同比下降 1.54%，累计成交额为 210.82 万亿元，同比增长 12.20%。其中，商品期货成交量为 30.02 亿手，占总成交量的 99.10%，成交额为 184.70 万亿元，占总成交额的 87.61%。大连、郑州、上海三个期货市场农产品期货期权交易达到 9.53 亿手、交易额达到 45.53 万亿元。① 在中美贸易摩擦大背景下，中国期货市场成功经受住了考验，为中国许多企业和部分行业应对危机的冲击提供了有效的市场平台和风险管理工具。期货市场和期货产业的战略地位和价值自 2008 年以来开始真正被社会所认识。从这个背景上来看，中国农产品期货市场的发展为中国农村无形市场的发育提供了重要的动力。

三、我国农村消费市场

在社会再生产的四个环节中，生产是起点，分配、交换是中间环节，消费是终点，其中，消费的进行是为了保障再生产的顺利进行，它为生产环节提供了动力和必要的条件基础，与生产相互制约，相互促进。居民消费水平的提高、消费结构的改善优化是全面建成小康社会的出发点和落脚点。优化消费结构的目的，也正是为了提高人们的生活水平和消费质量，提高消费中享受、发展资料的比例，促进人的身心健康和全面发展。因此，了解农村消费结构的构成及合理化程度有利于了解农村市场整体的消费情况。

---

① 洪涛. 2018 中国大宗农产品市场发展报告 [EB/OL]. http://www.ebrun.com/20180930/299760.shtml，2018-09-30.

1. 农村消费市场的现状

改革开放以来，我国农村发生了天翻地覆的变化，农民收入水平不断提高，消费能力不断增强。农业部的数据显示，2018 年我国粮食生产保持稳定，总产量达到 13158 亿斤①；农民人均纯收入持续较快增长，超过14600 元②。农业农村发展稳中有进，农村居民消费正向追求生活便利、提高生活质量、注重健康方面进一步发展。不过与城镇相比，农村消费市场发展滞后，消费能力明显不足。

（1）城乡收入、消费水平差距不断拉大。国家统计局公布的数据显示，2018 年，全国居民人均可支配收入 28228 元，比上年名义增长 8.7%，扣除价格因素，实际增长 6.5%。其中，城镇居民人均可支配收入 39251元，增长 7.8%，扣除价格因素，实际增长 5.6%；农村居民人均可支配收入 14617 元，增长 8.8%，扣除价格因素，实际增长 6.6%。城镇居民人均消费支出 26112 元，增长 6.8%，扣除价格因素，实际增长 4.6%；农村居民人均消费支出 12124 元，增长 10.7%，扣除价格因素，实际增长 8.4%。城乡收入差距不断拉大，是农村消费市场动力不足的一个重要原因。但同时可以看到，农村消费市场还有很大的提升空间。

（2）农民消费额占市场消费总额的比重偏低，城乡消费水平差距扩大。我国农村居民的消费占市场总份额的比重偏低，而且还呈下降的趋势。从 1978 年到 2012 年，农村居民的消费额不及城镇居民消费额的 1/3，城乡消费水平对比值从 2.9 增长到 3.7（农村居民 = 1），在没有剔除城乡价格因素的情况下，农村居民的消费额增长速度仍然缓慢。

经过 40 多年的改革开放，我国农民的消费水平有了很大的提升，消费结构也得到了进一步的改善、优化。从图 1-1 中可以看出，我国农村居民家庭生活结构得到了很大的改善，体现在用于生活必需品的支出比例有所

---

① 乔金亮. 今年农民人均纯收入预计超过 14600 元 [EB/OL]. http://finance. people. com. cn/n1/2018/1231/c1004-30497417. html，2018-12-31.

② 农业部官方给出的数据显示，2018 年我国农民人均纯收入为 14617 元，增速在 8.8% 左右，和 2017 年基本持平。2017 年，我国农村居民人均可支配收入达到 13432 元，增速为 7.3%。

下降，而较高层次的消费支出的比例上升，如医疗保健、交通通信、文教娱乐用品及服务等方面的支出都有大幅上升。数据的变化说明了我国农村居民的消费水平得到了很大的提高，消费结构也趋于合理化。

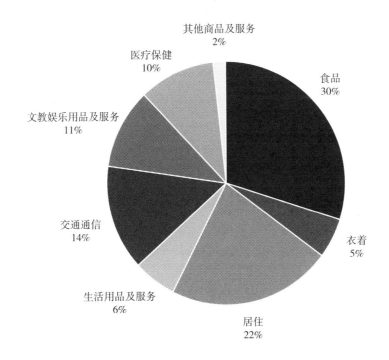

图 1-1　我国农村居民家庭平均每人生活消费支出构成

资料来源：《中国统计年鉴》（2018）。

商品经济越发达，货币消费在整体消费中所占的比例势必越大，自给自足的经济成分必然越小，因此，货币消费占消费总额的比例数据可以侧面反映出市场的发展情况。

（3）农民教育、医疗费用负担沉重。改革开放以来，我国教育收费节节攀升，农村每个家庭的教育支出占到总收入的20%以上，成为农村家庭的最大支出。教育成本畸高，加剧了农民的生活贫困，影响城乡和谐发展。当前，农民教育负担无论是非义务教育还是义务教育都较高。有关统计显示，在义务教育总费用中，农民的负担率在35%左右，而非义务教育的高中、大学费用更高。同时，当前农民医疗负担也不容乐观，挤压了农民的消费空间，制约了农村消费市场的发展。

（4）农村基础设施建设落后。当前，我国农村的基础设施投入严重不足，不仅影响农业和农村的可持续发展，而且很大程度上制约了农民生活质量的提升。以当下的农村家电消费为例，虽然现在农村居民人均收入水平与城镇居民相差较大，但是已经达到 20 世纪 80 年代中期城市居民的收入水平，可电视机、电冰箱、洗衣机等家用电器的普及率远不及 20 世纪 80 年代中期的城市居民水平。主要原因是农村各项涉及民生的基础设施落后，影响了农民对家电的消费。据测算，我国农村 2 亿多户家庭，即使农村家电普及率仅提高 1 个百分点，每种家电也可以增加 200 多万台的需求。由商务部牵头组织的"家电下乡"活动就是看中了这个巨大的商机和广阔的农村市场。

（5）农村消费市场体系不健全，流通环境差。农村集贸市场基本上都是以私营个体小店为主，规模小而分散，配套设施差，服务功能严重不足。目前，我国广大农村消费市场庞大而分散，与之配套的流通体系无法满足需要，产生了大市场与小流通不相适应的格局，农村的商品流通秩序也比较混乱。这既是假冒伪劣产品在农村泛滥的原因，也是农村消费占全社会消费总量比重不高的原因，严重挫伤了农民的消费热情和信心。

（6）农村居民的恩格尔系数偏高。改革开放以来，无论是城镇居民还是农村居民，恩格尔系数大体均呈现出极为明显的下降态势。相关数据显示，我国城镇居民的恩格尔系数由 1978 年的 57.5% 降至 2017 年的 28.6%，同期的农村居民的恩格尔系数也由 67.7% 降至 31.2%。① 但与国外农民的恩格尔系数相比，整体消费水平仍然较低，早在 2003 年，美国农民恩格尔系数就为 14.7%，新加坡为 17.1%，加拿大为 15.7%，法国为 18.3%。农村居民家庭人均纯收入仅为城市居民家庭人均纯收入的 1/3，在相对偏高

---

① 付一夫. 恩格尔系数降低，我们的生活就一定更好吗？ ［EB/OL］. https：//baijiahao. baidu. com/s？ id＝1615025492872886870&wfr＝spider&for＝pc，2018-10-23.

的恩格尔系数下，用于非食品消费的支出就更少。因而，我国农村消费市场需要得到调整，改善农村居民的消费状况刻不容缓。

2. 制约我国农村消费需求的因素

总体上，随着农村改革的深入和农民收入的提高，我国农村消费需求有所提高，消费结构也开始优化升级，但是农民消费水平的提高并不明显。那么，就目前农村市场的现状而言是什么制约了农村消费需求的发展，它们是怎么起作用的呢？

（1）农民收入水平低、购买力不强。收入是制约消费水平的首要因素。农民的收入主要来源于农产品的出售和劳务输出，渠道比较单一。改革开放以来，农户的收入有所增加。但近几年，农产品市场受到极大的冲击，农民的收入增长速度逐渐放慢。原本，农民的农业收入就承担着两大风险：一是自然风险，如洪灾、旱灾、虫灾等。2003 年"SARS"期间，农产品销售不畅，农民工大量返乡，国家统计局对全国 31 个省份 6.8 万个农户的抽样调查显示，农民第二季度的平均现金收入约 421 元，减少了0.33%，而城镇的收入影响明显要小些。二是市场风险。由于中国农民大多是小户经营，他们难以对市场变化做出正确的判断，容易忽视价格信号。加上 WTO 对中国农产品的冲击，使得农民单纯地依靠农产品输出的收入养家糊口很难。同时，农民的劳务输出也是一大难题。国民经济由粗放型向集约型转变，国际化进程不断加快，对生产要素的要求提高，而进城务工的农民素质普遍不高。城市就业压力大，农民更是受到诸多因素的限制，难度更大。而且近几年来，农村居民消费价格指数一直高于城市居民消费价格指数，2005 年农村居民消费价格指数为 102.2，而城市居民消费价格指数仅为 101.6。这一系列的原因使得近年来农民收入增长在放缓，实际可支配收入在降低，严重影响了农民的购买水平。

（2）农村消费环境差、各项与消费相关的基础设施普遍落后。①基础环境差。近几年来，农村生活基础设施尽管在不断改善，但大部分地区较为薄弱的局面没有得到根本改变，成为制约农村市场开拓与发展的又一重要因素。许多地区的供水、供电、道路、电视信号接转等问题仍没有解决，抑制了农民对家用电器、农用机械等的消费。②市场环境弱。农村商业网点少，布局分散而且规模小，再加上通信设施落后，农民的消费余地不大。农民得不到充分的信息，存在市场秩序混乱、假冒伪劣产品充斥市场的现象，坑农害农事件时有发生，严重损害了农村消费者的权益，使得农民原本就十分有限的购买力又大打折扣，影响了农村居民消费结构的优化和消费质量的提高。③金融环境差。农村滞后的社会信用体系建设和偏颇的信贷政策成为影响农村消费扩张的体制性障碍。"重生产、轻消费"的信贷政策，使生产力扩张与居民收入增长相差过大，加上农村贷款难，生产挤压消费的现象十分普遍。由于农产品市场不景气，农民生产经营贷不到款，只能把大量的现金用于生产和扩大投资，造成消费现金紧缺，抑制了消费。

（3）农民消费结构不合理。虽然农民在吃住方面的支出比重在逐年下降，医疗保健、交通通信、文教娱乐的支出比重在增加，消费结构呈现多样化趋势，但农村居民生活仍未摆脱以必需品为主的生存型消费模式，消费水平仍较低，消费结构不合理，主要表现为当前农村居民消费结构仍偏重于物质，生产资料的支出比重大大高于享受资料和发展资料的支出比重。2018 年的农民生活消费支出，除食品、交通通信高于城镇居民，其他各类消费支出都低于城镇居民。农民消费增长缓慢严重制约了我国经济的快速增长。

（4）社会保障的不完善严重影响了农村消费需求。虽然我国的社会保障体制改革进一步向纵深发展，市场化趋势日益明朗，但就农村而言，社会保障体系和社会保障制度未能及时建立，政策也不完善。社会保障制度的不完善，逼迫农民采取一系列规避风险的措施，自发地调整支出结构和收入在储蓄中的比例，为更好地预防风险而推迟消费，增加储蓄，从而减少即期消费。这客观上制约了农村消费市场的发展。

（5）农民消费观念保守。农村居民由于受传统观念的影响及自身缺乏相应的商品和消费知识，科学文化水平较低，在消费行为上显得比城市居民谨慎。我国传统文化崇尚节俭，提倡"量入为出"的谨慎消费，强调储蓄，这在农村地区表现得尤为突出。传统的消费观念及其对人们消费行为产生的消极作用，降低了农村居民对激活消费的经济政策措施反应的灵敏度，弱化了经济政策措施的作用，使消费无法对生产产生刺激和导向作用。

（6）商品供给结构失衡。我国生产厂商忽视了市场细分的特点，产品多考虑城市需求，很少专门研究农村市场，不是根据农村市场消费特点开发产品，而是对产品功能、花色、外形等的创新及产品档次的提高多以迎合城市居民的消费行为进行。

以上六大因素严重制约了农村消费市场的发展，导致了现实情况下农民无法消费、无力消费和不敢消费的状况，给农村市场流通体系的建设带来了很大的负面影响。

四、我国农村市场发展趋势

随着我国跨入工业化、城市化的初中期，我国的农村市场得到了长足的发展。在改革开放初期，农村市场由于放开搞活得早，占了先发优势，其发展速度十分迅猛。但是国内重工业生产、重城镇建设，轻农村市场、轻流通建设的思想根深蒂固，而且由于农村市场特有的分散性，使得农村市场的建设一直都没有得到应得的重视，严重影响了中国农村市场的发展。

改革开放以来，我国农村发生了天翻地覆的变化，农民收入水平不断提高，消费能力不断增强，取得了一定的成绩。农业部相关数据显示，2018 年，我国农民人均纯收入达到 1.4 万元。① 农村居民消费正向追求生活便利、提高生活质量、注重健康方面进一步发展。不过与城镇相比，农村市场发展仍然滞后，消费能力明显不足。农村市场的发展同消费严重不相适应，制约了农村经济的进一步发展。②

---

① 数据来源于中国国家统计局：2018 年，全国居民人均可支配收入 28228 元，比上年名义增长 8.7%，扣除价格因素，实际增长 6.5%。其中，城镇居民人均可支配收入 39251 元，增长 7.8%，扣除价格因素，实际增长 5.6%；农村居民人均可支配收入 14617 元，增长 8.8%，扣除价格因素，实际增长 6.6%。

② 2018 年，全国居民人均消费支出 19853 元，比上年名义增长 8.4%，扣除价格因素，实际增长 6.2%。其中，城镇居民人均消费支出 26112 元，增长 6.8%，扣除价格因素，实际增长 4.6%；农村居民人均消费支出 12124 元，增长 10.7%，扣除价格因素，实际增长 8.4%。

1. 农村市场规模迅速扩大

农村市场商品流通规模的扩大，一方面表现为农副产品的商品量、商品率的递增；另一方面表现为农村居民购买力的提高。在社会商品零售额中，农村的比重逐渐提升，整个农村购销两旺，流通规模迅速扩大。当前，我国人均粮食占有量接近世界水平，已可自给，棉花自给有余。我国以占世界7%的耕地解决了22%人口的温饱问题。过去较长时间存在的农业与工业比例不协调的状况得到扭转，解决了农业基础不牢的问题，使农轻重的产值在工农业总产值中各占1/3。在农村内部实行传统农业向现代化大农业的转化过程中，农业产业结构也发生了变化。从事各种养殖业、加工业、种植业等商品生产的农户日渐增加，一部分劳动力和资金向林、牧、渔、工等各业流动，农业生产专业化、商品化、社会化的程度逐步提高，各种行业（运输、储存、建筑、技术等）服务性的专业户应运而生。

2. 市场类型和流通业态逐步完善

随着农村改革的不断深化，农村各种有形市场迅速崛起，形成了结构相对完善的有形市场网络。除了传统的集市贸易市场，各种综合市场、专业市场及批发市场都有一定程度的发展，初步形成了包括消费品市场和生产资料市场、批发市场和集贸市场、有形市场和无形市场的农村市场体系。连锁经营、物流配送等新型经营方式和小型超市、便利店等经营业态，从城市开始走向农村乡镇。例如，2005年由商务部、财政部发起实施的畅通农村商品流通渠道的"万村千乡"市场工程，给发展滞后的农村市场注入了活力，改善了农村市场环境，促进了城乡市场和谐发展。电子商务平台把偏僻山乡与城市市场连接了起来，农民需要科技专家指导，通过手机短信或声讯便可与专家沟通；需要销售农业产品，上网就可得到方便及时的销售服务，加速了农产品交易。

3. 农村市场主体多样化

目前，我国农村除传统商业组织外，又相继出现了多种经济成分的市场主体，特别是有近600万农村经纪人活跃在广大乡村，从事农产品流通、科技推广、信息传递等一系列中介服务活动，在帮助农民解决"卖粮难"

问题和助农增收方面发挥了重要作用。农民合作经济组织进入农产品流通领域，成为农村市场重要的主体。多数国有商业、粮食和供销合作社成功实现了转制，建立了新的经营机制，健全了法人治理结构，真正成为自主经营、自负盈亏的市场主体。江苏省供销社系统已兴建为农综合服务社6694个，覆盖了全省1/3以上的行政村，为农综合服务社是江苏省供销系统近年在服务"三农"中探索出的一种新形式。它改变了以前商业经营、农资购销的传统服务方式，与农民的关系从简单的买卖关系变为主动服务，为农民提供生产、加工、储存、物资供应等多种服务。

4. 农村市场外部环境有所改善

2019年2月19日，2019年中央一号文件出炉，继续聚焦"三农"问题，提出坚持农业农村优先发展，做好"三农"工作。这是自2004年以来，中央一号文件连续第16次聚焦"三农"问题。中央一号文件指出必须坚持把解决好"三农"问题作为重中之重，发挥"三农"压舱石作用，提出了决战决胜脱贫攻坚、夯实农业基础、加快补齐农村人居环境和公共服务短板等八个方面的要点。相比2018年中央一号文件聚焦"乡村振兴"，2019年中央一号文件提出坚持农业农村优先发展，既是对党的十九大报告精神的贯彻，也是对2018年中央一号文件的延续，本质上都是为了富裕农民、繁荣乡村。

第三节　农产品流通体系

一、农产品流通体系的作用

农产品流通体系是以农产品、农业生产资料、农村日用消费品等为主要流通对象，连接城乡不同农村生产和流通主体，由农产品流通基础设施和环节共同构成的一个服务体系。农产品流通体系及其发展状况对农村经济的发展具有极为重要的作用和意义。可以说，流通体系直接关系到农村经济能否健康持续地发展，关系到农民生活水平能否提高，关系到国家扩大内需、缩小城乡差距的目标能否顺利实现。

具体而言，流通体系在促进农村经济发展方面主要起到以下作用：

1. 有利于解决农产品商品交易矛盾

流通的出现，符合社会分工的发展，使商业成为独立的部门，有力地促进了社会生产力的发展，提高了社会生产的效率。商业产生的专门从事商品交换的活动，解决了生产者要同时参与商品生产和商品交换的矛盾，符合社会分工的要求，促进了生产效率的提高。

2. 有利于农业生产发展

从社会生产四阶段的关系来看，流通的完善有助于生产的发展。生产是基础，消费为再生产的顺利进行提供保障，而流通正是生产和消费的桥梁。流通体系的完善与否，直接影响商品能否顺利销售并得到消费，进而影响再生产所需的相关材料和资料的重新积累。

3. 有利于农业要素资源配置

流通体系是市场供需信息交互的传送渠道，有助于社会资源的优化配置。流通体系将供给方和需求方紧密联系在一起，源源不断地传达市场信息，为农民、企业的决策做出支持。如果流通信息不畅，市场信息将得不到很好的传达，出现信息滞后或失真的情况，农民的生产将是毫无目的的，将严重影响农民的劳动收益和企业的预期收益。在市场极其发达的今天，没有针对需求的产品将是无效的，将浪费大量的人力和物力，致使社会资源得不到有效配置，经济运行效率大大降低。流通渠道畅通后，市场需求和农业生产之间的信息交流将相对及时，农民可以及时调整生产结构，使产品适销对路，从而提高农业生产的效率，增加收入，减少无效劳动和生产资料的浪费。

4. 有利于提高农民收入

流通的专业化有助于农民收入的提高。一方面，流通的专业化能够降低流通费用，加速资金的周转，减少资金在流通环节的停留时间，这意味着农民可以集中有限的资金、时间、精力进行大规模的农业生产。另一方面，发展农村商品流通也是促进农村经济发展增加农民收入的客观要求。由于我国农村经济长期滞后，农民购买水平和消费水平都比较低，长期以来形成的农产品"剪刀差"难以消除，只有在流通渠道通畅的情况下，农民才能把握市场行情，将合适的产品在合适的时候输送到合适的地点进行销售，降低"剪刀差"，提高收入水平。可以说，发展流通是增加农民收入的重要途径。

5. 有利于提高农民消费水平

农产品流通业的发展有利于改善农村消费市场的环境，有利于农村市场的建设。农村消费环境恶劣，硬件设施差，粮食流通体系和农资市场体系发育不完全，直接制约了农村消费市场的发展，而流通业在农村的发展，一方面，将新建一批先进的流通设备和流通市场，可大大改善农村消费市场环境；另一方面，流通的通畅要求改革现有的粮食流通体系和农资市场体系，消除制约农村消费市场的主导因素，将大大有利于农村消费市场的改进，是扩大农村消费需求的重要举措。发展农产品流通是扩大内需、完善农村消费的重要途径。

二、目前我国农产品流通的主要模式①

1. 自产自销模式

自产自销模式，是指农户生产的农产品，直接销售给消费者。这是一种最原始、最简单的农产品流通方式。这种模式有最少的流通环节，可以降低交易成本，提高利润空间。但是，由于单一农户产量有限，往往销售规模小、集中度低。典型的自产自销模式散落在农村或城市的集市中，是农户传统的销售模式。农户将自家产出的农产品用运输工具拉到附近的集市上售卖。这种销售模式往往是短期的、季节性的。"互联网+农业"是一种高效的直销渠道。农户利用互联网直销农产品的方式也是多种多样：有

---

① 周祺. 我国农产品流通主要模式分析及典型案例 [J]. 现代营销（经营版），2020（4）：28-29.

的是自己做微商；有的是利用直播平台销售；有的是在零售电商平台开设网店。褚橙是"互联网+农业"模式中最成功的案例，2014年，20吨4000箱哀牢山直供褚橙以电商形式销售，从开售到售罄仅用了60小时，2019年10月，褚橙与知名电商平台达成战略合作协议，消费者在该电商平台上可以预订褚橙，果园直发。这样需求更确定，订单量大，供给端也能降低成本。

作为供应链末端的电商零售平台拼多多，积极参与农产品供应链，与全国约500个农产区20000多名商家联手，举办"农货节"活动，通过积累的消费端数据，进行大数据分析，挑选出最受欢迎的农特产品分区域推荐给全国消费者。其中不乏一些品质上佳但欠缺知名度的地理标志农产品，拼多多通过价格补贴，让许多优质农产品被全国更多消费者品尝。拼多多电商平台像一座桥梁，直连"城市小区"与"田间地头"，农户受益颇多。

"互联网+农业"的线上销售模式也属自产自销，农产品一般是通过快递的方式送到消费者手中。很多快递企业嗅到了商机，纷纷推出针对生鲜农产品的包装服务和快递产品，使农产品快件的包装更专业，运输、派送速度更快，降低快递过程中的损耗，消费者获得更好的消费体验。有的快递企业更是抓住这个契机，布局农产品冷链仓储和运输，为农户提供货物冷库存储、分拣、包装、配送、信息流转等一体化冷运服务。

2. 农超对接模式

农超对接是农户与商家签订销售意向协议，将生产的农产品向超市直供的一种流通方式。这种模式流通环节较少，并且可以促进订单农业，实现系列农产品生产、加工、销售链的建立。缺点是生产者较分散，物流效率难以提高，物流成本较高。我国农超对接有两种模式：一种是"农户+基地+超市"模式，即超市建设种植基地，农户种植，成熟时超市收购。例如，TESCO在中国就建立了自有品牌蔬菜种植基地，TESCO排定各类农产品的生产时期及数量，农户按照要求种植，蔬菜成熟后TESCO进行采收、包装并运输到配送中心。另一种是"农民+专业合作社+超市"模式。专业合作社是以农村家庭承包经营为基础，农户自愿加入专业合作社，专业合作社提供农业生产资料的购买，农产品的销售、加工、运输、贮藏以及与农业生产相关的技术、信息等服务。专业合作社在农超对接模式中是连接农户与超市的纽带，超市与专业合作社签订采购协议，农户的农产品通过专业合作社直销到超市。值得注意的是，随着生鲜超市的普及，许多专业合作社也开始与连锁生鲜超市合作，将农产品直销给生鲜超市。我国现有的农民专业合作社数量众多，例如，广东省高州市晟丰水果专业合作社。

农超对接模式中的物流主要有三种。第一种是以超市为主体的物流，即超市利用自己的物流系统完成采购农产品的运输；第二种是以合作社为主体的物流，即合作社组织实施物流运输，将农户的产品运送到超市；第三种是以第三方物流企业为主的物流，即在农超对接中引入第三方物流企业，物流企业负责运输、仓储等工作。

3. 农产品批发市场模式

农产品批发市场为买卖双方提供长期、固定、公开的批发交易场所和设施，市场运行机制以现货、现金交易为主，具有商品集散的功能。在这种模式中，农民生产的农产品由收购商收购后聚集在原产地批发市场，然后由中间批发商收购并运输到销地或集散地，有的农产品要经过多级批发才能到达零售市场。这种模式扩大了农产品销售的半径，但由于存在中间商，尤其是经过多级中间商流转后，商品价格逐层累加，农民的利润空间相对较小。农产品批发市场是比较传统的农产品流通模式。我国各地都有农产品批发市场，东部地区密度较高。沈阳地利农副产品市场是东北地区最大的果品批发市场，市场的水果供应占沈阳本地市场的90%以上，同时50%的水果供应东北三省及内蒙古地区。其除了拥有水果市场，还有蔬果市场，同时还有小商品调料市场和海鲜市场，是全品类农产品批发市场。沈阳地利市场在东北地区有举足轻重的地位，是东北地区主要农副产品物流中转站。农产品批发市场模式中，农产品的物流主要有两种模式。一种是批发商自有车辆，自行运输；另一种是批发商委托运输企业，以整车或零担的方式运输。

4. 农产品物流园模式

农产品物流园是由第三方物流企业通过专业化运作为农产品买卖双方

主体提供全面的农产品物流服务模式。除了提供交易场地，还提供运输集散、仓储、配送、流通加工、报关、检验检疫等多种功能。第三方物流独立于第一方和第二方，是生产与流通的分工合作，减少了中间环节，降低流通成本，但农产品物流园区的建立也要基于一定的经济发展水平。贵阳农产品物流园集展示交易、冷链物流、加工仓储、安全溯源、配套服务为一体，是线上线下融合的农产品供应链服务商。与贵州省扶贫基地、全国优质果蔬主产区等签订战略合作协议，为本地农产品积极搭建产销对接平台，打通农产品产销链条，提高农产品附加值。物流园与多家连锁超市签有定向采购协议，同时一些大型企事业单位及学校也到园区进行采购。

农产品物流园模式中，第三方物流企业不仅提供运输服务，而且从供应链的角度，连接产、供、销多方。这种模式既实现了农产品从产地到销地的流动，也为供应链上信息的流动提供了平台，信息服务让供应链的上游准确掌握市场需求动向，可以避免盲目生产。此外，第三方物流企业提供的仓储、流通加工、末端配送等服务增加了农产品的附加值。

三、我国农产品流通体系的发展现状

新中国成立 70 年来，我国农业农村市场发展取得了辉煌成就。农产品流通体制不断健全，从统购统销到放开市场经营，从农民肩挑背扛、提篮叫卖到买全国、卖全国的批发市场网络，市场配置资源的决定性作用日益凸显。

1990 年 10 月 12 日，全国第一家粮食批发市场开业。随后，国家先后对油料、糖料、生猪等产品由实行指令计划改为实行指导性计划。到了1992 年，我国的农产品购销政策进一步趋向自由购销。1993 年 2 月，《国务院关于加快粮食流通体制改革的通知》发布，明确要在两三年内全部放开粮食价格。至 1993 年底，农产品批发市场成为最重要的农产品流通渠道，我国的农产品流通正式走向了市场化。加入 WTO 以后，我国的农产品流通在商流、物流、信息流方面持续进步。值得注意的是，随着互联网的发展，农村电商助推"订单农业"兴起，形成了中国特有的农产品流通

网络。在过去的 70 年里，我国农产品的生产、加工、流通各个环节都经历了天翻地覆的变化。现在，我国农产品市场从无到有、从弱到强，逐步形成沟通城乡、衔接产销、运行快捷的流通网络，销售渠道多样且不断拓宽。依托建立起来的现代农产品市场流通体系，农产品"货往哪里卖"问题基本解决，多样化的渠道让农产品走向了更大、更广的流通市场。国家统计局数据显示，2018 年，全国农产品产量超过 23 亿吨，主要农产品产量均居世界第一；2019 年上半年，我国农产品进口额为 1086.5 亿美元，成为农产品贸易大国。我国农产品在规模化生产的基础上，逐渐形成了包括横向、纵向的流通体系以及保障体系在内的完整流通体系，我国农产品流通大国地位已然形成。

四、我国农产品流通存在的问题

受经济结构二元化、工业化、城镇化建设不平衡等因素影响，我国农产品流通体系建设相对于快速发展的国民经济仍存在不少问题。

1. 农产品流通基础设施相对薄弱

我国东部地区与中西部地区、农产品产地与销地的农产品流通基础设施建设不平衡，布局不合理。与城市销地市场相比，农村产地市场基础设施条件较差，差距明显。

2. 农产品流通渠道比较狭窄

相当一部分地区的农产品流通体系建设渠道仍然比较窄，缺乏建设载体，农产品流通的组织化、集约化程度仍然较低。由于缺乏规模化、有实力的流通企业和龙头企业带动产供销链条，部分地区城乡一体的网络化经营模式尚未形成。

3. 农产品流通方式比较落后

我国农产品的保鲜储运水平一直较低。农村交通运力不足，不能满足农产品、农资、日用消费品等运输量快速增长的需要，导致农产品流通成本高。部分地区化肥等农业生产资料的仓储容量不足，库点分布不科学、规模偏小，不利于农业持续稳定发展。

4. 农产品流通信息化程度仍然较低

不少批发市场尚未建立向社会发布市场和价格信息的平台。部分地区的农业信息网络不健全，沟通渠道不畅，许多农产品、农资信息难以收集、整合、传递，信息化体系建设明显滞后。此外，同其他产业相比，农业的电子商务规模很小。

5. 农产品流通政策仍然不够健全

有关市场的法律法规建设滞后，国家出台的政策文件还缺少某些实施细则，部分条款缺乏可操作性，各部门出台的部分政策还缺乏协调性、衔接性；地方政府的规划和政策大多仅立足于本行区域，缺少必要的按经济关联度进行跨区域整合的政策和措施。此外，农产品流通市场地域广阔、网点分散，监管部门难以保证农村市场公平公正竞争，有序经营。

解决农村的流通问题，需要农产品流通领域的各相关主体和企业、政府一同努力，投入资源、精力在农村市场努力发展现代物流配送、电子商务、连锁经营，完善农村的流通合作组织，重振农村金融，在农村市场实现商流、物流、信息流、资金流的完美统一，最终实现农村的流通现代化。

6. 农产品流通秩序还有待进一步完善

流通秩序混乱，流通效率低下，不能有效保障交易各方尤其是农民的正当权益。主要由个体商业构成的农产品流通体系，其运行制度不可能规范。一个有效市场要求信息充分，交易各方实力相当、权利义务对等，有可信的契约关系和可靠的市场执法机构，当今的农村市场尚不具备这些条件，直接影响了农民的生产、生活消费意愿。

市场制度不规范的症结是农民消费者经济实力、政治地位过于低下。这使他们即使面对个体商业，也没有维持市场秩序、维护自己合法权益的有效手段。如化肥专营异化为"专倒"问题，如此"屡反屡犯"，就不宜仅仅以流通领域的个人恶劣的品性解释。确切地说，这是二元结构社会中农民没有平等经济、政治地位的典型表现。[①]

---

① 程漱兰，徐德徽. 关于农产品流通体系建设的思路和对策建议 [J]. 农业经济问题，1998 (7)：2-9.

五、我国农产品流通体系的发展趋势

第一，有组织、规模化、产业化经营将会成为农产品流通的主体。产业经营规模化是经济全球化的要求，我国的农业经济以后将不再向以往个体化经营的道路发展，而是必须要集中起来发展，形成产业化的经济群体，这也是国家农业宏观政策的要求。

第二，农产品市场规划以政府为主动，科学合理布局。未来的农产品市场规划将以政府为主导形成科学合理的市场布局，农产品将根据产地、销地、集散地等不同情况分别科学布局，使农产品能够在全国范围内合理流通，以便更好地满足市场需求。

第三，农超对接、农企对接的经营模式将成为主体。在未来，农业市场的经营理念将会发生较大变化，比如，大力完善农产品物流配送系统，削减流通环节，农产品经过配送中心直接到达零售终端。

第四，农产品的交易方式将更加电子化。农产品的交易方式不再以实体的市场化模式存在，而从原始的一手交钱一手交货模式将逐步转换成电子交易、远程合约交易、仓单交易、期货交易、线上交易等。

第二章　农产品连锁经营

本章重点介绍农产品流通现代化的重要部分——农村连锁经营的发展，以农村连锁经营的发展现状和趋势窥探我国农产品流通现代化的发展趋势。

第一节　连锁经营与农产品流通

农村连锁商店在农村有着光明的前景，主要是因为农村市场对连锁商店有其内在的需求，这是由我国农村的基本情况和连锁经营本身的特点所决定的。[①] 首先，连锁经营特殊的组织形式、经营方式、管理方式适合农村市场，尤其是在当下农产品流通体系的作用下，发展连锁经营是有效提高中国农产品流通组织档次的重要方法。其次，我国的农村经济较以前已经有了长足的进步，农民对生活质量的追求也越来越高，而眼下农村市场所提供的商品远远跟不上农村经济和消费需求发展的节奏，严重制约了农村市场的开拓和发展。连锁经营能够推进市场净化与进步，为广大农民提供高质量的生活、生产资料。同时，还能提供及时、准确的农业信息与农业技术，对农村新技术的普及和农业信息的传播有很重要的意义。

---

① 崔峻. 农村超市连锁经营前景一片光明 [EB/OL]. http：//www. emkt. com. cn/article/207/20798. html，2005-05-12.

一、连锁经营的主要优势

连锁经营实质上是把现代化工业大生产原理应用于商业流通领域，即众多小规模的、分散的、经营同类商品和服务的零售企业以共同进货或授予特许权的方式联结起来，依靠服务标准化、经营专业化、管理规范化实现规模经济效益的一种组织形式。连锁经营相对于传统的商业组织，在经营管理和物流上有着不可比拟的优势。

1. 连锁经营在经营管理上的优势

（1）优化运营资源配置。连锁经营具有"八个统一"：统一店名，统一进货，统一配送，统一价格，统一服务，统一广告，统一管理，统一核算。实现这些统一，就能使商业企业在经营管理方面互相协调起来，因而有利于资源的配置，使企业资源共享，不会出现浪费现象，既节约费用，又提高工作效率和效益。

（2）迅速提高市场占有率。连锁经营要想实现规模效益，必须在分店的设置上多动脑筋。在合适的地理环境中开设数量合适的分店，这样可以扩大企业的知名度，增大产品的销售量，从而提高产品的市场占有率。连锁经营的规模效益不容忽视，这是发展连锁经营必须重视的关键问题，规模效益正是连锁经营最吸引人的优势。

（3）强化企业形象。良好的企业形象可以给企业带来巨大的收益，连锁经营企业通常选择统一的建筑形式，进行统一的环境布置，采用统一的色彩装饰，设计统一的 Logo、广告语、吉祥物等，这种形象连锁是一种效果极佳的公众广告。

（4）提高竞争实力。连锁经营的各分店在资产和利益等方面的一致性，使得连锁企业可以根据各分店的实际情况投入适当的人力、物力、财力来实施经营战略，可以对原先独有的销售措施、广告策划、硬件设施进行不断的改革与创新，使整个连锁企业的经营管理能力始终保持在一个很高的水准上。同时，灵活的经营管理可又使连锁企业的优秀管理制度、方法、经验迅速有效地在各连锁分店内贯彻实施，这些都能大大提高连锁企业的总体竞争力。

（5）降低经营费用。连锁经营企业主要采用顾客自我选购、自我服务的经营方式，减少了售货劳动，因而雇员相对较少，可节省成本和场地费用。在连锁超市中，商品明码标价，顾客可以自由挑选，节省企业经营成本的同时，也能加快顾客的流通速度，增加客流量。

（6）引导生产领域。连锁经营企业通过扩大规模增加效益，企业在各处设立分店，因而对消费者的需求有比较全面、客观的了解。同时，其结合市场供求大批量进货，这样一来，连锁经营企业在市场中占有极其重要的地位，成为连接生产与需求的桥梁，生产商可根据企业进货的数量、种类等进行生产，从而提高生产效益。

（7）保护消费者利益。连锁经营企业在管理上日益完善，更趋向于专业化、标准化、现代化、科学化，使得购物环境更加舒适宽敞、服务人员的素质日益提高，可为消费者提供更好的服务；电子信息技术的应用及明码标价使工作效率大大提高，降低了消费者购物的心理成本、时间成本、体力成本，方便顾客的购买；商品质量得到保证，并且价格保持在较低的范围内，可让消费者买得放心、买得舒心。连锁经营企业种种经营措施和经营策略，从不同角度、不同层面保护了消费者的利益。

2. 连锁经营的物流管理优势

（1）连锁经营物流的系统化。连锁经营物流系统是由采购、仓储、流通、装卸、配送和信息处理六个功能构成。这些功能相互作用、相互联系、相互制约，它们各自特定的功能有机地结合起来、协调运行、共同产生出新的总功能，这个总功能再去协调各个子系统，从而使各子系统在相互联系、相互影响中保持协调一致，在发挥各自特定功能的基础上实现商品的流动。

（2）连锁经营物流的合理化。连锁经营物流的系统化是其物流合理化的基础，而物流合理化则是整个连锁经营物流管理所追求的目标。首先，物流合理化可以降低物流费用，减少商品销售成本。其次，物流合理化可以压缩库存，减少流动资金的占用。最后，通过物流可以提高企业的管理水平。

（3）连锁经营物流的标准化。物流是一个大系统，这样一个大系统的管理是非常复杂的，系统的统一性、一致性和系统内部各环节的有关联系是系统能否生存的首要条件。标准化是物流管理的重要手段，物流标准化能加快流通速度，保证物流环节，降低物流成本，从而较大地提高经济效益。

（4）连锁经营的核心——配送中心。配送是指以客户的需求为先导，围绕商品组配与送货而展开的接受订货、预先备货、分拣加工、配货装货、准时送货通货等一系列服务工作的总称。配送中心是承担物流专业化管理职能的组织机构，它是连锁经营的核心，这是因为连锁经营的集中化、统一化管理在很大程度上是靠配送中心来具体实施的，通过配送中心的作业活动，不仅可以简化门店的活动，从而降低连锁企业的物流总费用，而且还能实现商品在流通领域中的增值，并向门店提供增值服务。

二、连锁经营对农产品流通的意义

连锁经营在运营和物流管理上的巨大优势，足以支撑其在广阔的农村市场开展主要业务。其在农村市场的发展，规范了农村市场，调整了农村市场的发展结构，对农村经济的发展起了很大的作用。

1. 繁荣城乡市场

如前所述，我国农村销售市场因为种种原因，发展不充分，发育不完全，导致农民生活消费"不方便、不安全、不实惠"。中国八亿农民的个人收入在改革开放后，有了较大的增长，虽然增长率远低于城市居民收入的增长速度，但是这并不妨碍他们对生活品质产生更高的要求。然而，农村市场中的商品流通体系并没有跟上时代的步伐，商品的价格、质量等都没有办法保障，严重制约了我国农村消费市场的繁荣和农民生活水平的提高。近几年来，"三农"问题已经成为各级政府关注的焦点，成为亟待解决的问题。连锁经营作为一种新型的商品流通业态，在国外的发展已经证实了其符合大规模商品交易的特点，我们可以考虑将其作为农村地区改善农民购物环境的新型商品交易手段。

相关研究机构的调查显示，目前国内有 1/3 以上的农民购买生产资料、消费资料要去县以上的市场。导致这种情况的主要原因是，广大农村是近些年假冒伪劣商品泛滥的地方，伤害了人民群众。另外，农村消费价格指数持续高于城市，农民收入增幅与农村物价增幅不一致，农民担心这在一定程度上会抵消中央各项惠农政策带来的益处。近几年来，我国农村商品消费的增长和农村市场自身发展显现出了不相匹配的问题，而且还越来越成为制约农产品流通业的发展和农民生活水平提高的关键因素。

农村连锁商店因为连锁经营特有的优势成为改善这种状况的优质选择，结合以上介绍的连锁经营的优势，可以看到连锁商店能为农村带来以下好处：

（1）连锁经营最大的特点就是规模化经营，其能够有效降低成本，在农村物价消费指数持续高于城市，农民收入增幅与农村物价增幅不一致的情况下，能够减少农民的购买压力，将实惠直接让渡给农民。另外，规模化经营有利于丰富商品组合，充实农村市场，切实提高农村市场的商品质量。

（2）标准化优势满足了提高农村商品经营水平、规范农村商业经营操作的需求，能够改善农村的商品经营模式及农村日后的商品经营环境，并有利于完善农村的商品经营法规。尤其是一些连锁经营的龙头企业的发展，能有力地促进整个市场的净化，将毒奶粉、假种子等赶出农村市场，提高农民的消费信心和生活质量。大的连锁经营企业的发展，还能促进我国农产品流通体系建设，推动全国农产品流通体系建设，以及相关法律法规的探索和建设。

（3）连锁经营的高新技术优势能够将先进的技术带进农村，将先进的管理经验、理念、技巧带进农村，这对于我国建设社会主义新农村，建设文化、生活、技术平等的和谐社会是十分必要的。

2. 完善农村流通体系

除了对农民生活有显著影响外，连锁商店经营还能为农民提供更可靠的生产资料，提高农资供应水平。在引进农资连锁经营的地区，有信誉的大型连锁农资提供商能为农民提供品质有保障的商品，并且有良好的售后服务，即使出现问题也能较好地解决。那些具有技术背景的连锁商场，能为农民提供关于农资选择的科学合理的指导。直销的商店更是品质的保障，如隆平高科的直销点，一方面可使农民买到放心的农资，另一方面也保护了商家的利益，尤其是一些骨干品牌的口碑与信誉，使其少受冒牌商品的侵害。此外，农村连锁经营还能促进农业知识与技术的传播。

3. 提高农村流通效益

较少的资金投入和较小的风险为连锁超市的发展降低了经营成本。一方面，农村市场的人力成本和土地成本较低，可以实现连锁超市的低成本发展策略；另一方面，发展农村连锁超市无论在店址选择还是在内部装潢上要求均较低，可以大大降低资产的固定投入。开架销售、电子化管理和门店的统一采购，可以减少人力物力的支出、加快资金的周转速度、压低商品进价。可以预见，连锁经营进入农村市场，采取合适的经营策略，随着人民生活水平将不断提高，农村市场蕴藏的巨大潜力将不断释放，其结果将是企业、消费者实现"双赢"的局面。

我国农村各个地区商品的消费，尤其是农业物资的消费地区特色明显，对商品品种多样化的要求不高，而且需求稳定。这便于销售方制定销售策略，大规模提供特定商品，降低单件商品的物流成本。如粮食种植基地，对种子、化肥、农药、农机具的消费量大。蔬菜生产基地，对种子、塑料薄膜的需求量大。销售企业可预测需求，大批量地提供特色产品，在一些特色商品产区还可以提供农产品回购，进一步降低连锁企业的物流成本。

用现代流通方式，走连锁经营之路，无疑是新时期开拓农村市场的一条切实可行的道路，不但能取得经济效益的稳步增长，同时还可以取得社会效益的明显进展。

第二节　农产品流通与连锁超市

和农资市场不同，农村消费品市场由于市场产品种类多、市场空间极度分散、农民的消费意识淡薄等，一直发展缓慢。近年来，随着连锁超市的快速发展，这一状况有了很大的改变，越来越多的学者和商业工作者达成共识：发展连锁超市，是繁荣农村消费品市场、扩大农村市场需求的主要手段。

一、农村市场特点

农村市场是以乡镇镇区为中心，联系一定范围的农村区域，以满足镇区及其周边农村区域个体或群体生产与生活需要为目的的区域市场。它介于城乡之间，相对于城市，它地处乡村，是农村市场与城市市场联系的枢纽，相对于乡村，它又是城市化的区域，是吸引农村、服务农村的政治、经济、科技、文化中心。从地域、人口、经济、环境等方面看，它都具有与城市和农村这两个区域相异的特点，但又与这两个区域保持着不可缺少的联系。农村市场的消费者绝大多数都在附近乡镇镇区完成其购买行为，这决定了农村市场对农村消费品市场的决定性作用。

无形市场则没有固定的场所和相应的市场交易规则，实质上是一种中介市场或过渡市场，主要功能是及时收购农村生产者手中的农副产品并运送到有消费需求的城市，将城市生产的工业消费品和农业生产资料及时运送到农村，有效实现工业品下乡和农副产品进城。其物流媒介主要为城乡各类运销户、经纪人及农村各类合作经济组织产业协会等。

1. 市场空间大

我国约有 5 万的农村市场。随着我国城镇化步伐的加快，乡镇得到了迅猛发展。作为城市与乡村纽带的农村市场，不仅要满足乡镇消费者的生产与生活需求，更要辐射占我国人口总数近 60% 的庞大的农村消费群体。2018 年，我国社会消费品零售总额为 380987 亿元，比上年增长 9.0%。①其中，城镇消费品零售总额为 325637 亿元，比上年增长 8.8%；乡村消费品零售总额为 55350 亿元，增长 10.1%。基本上是一半以上的农民实现的消费品零售额大约只占全国的 14.5%。可见，农村市场的潜力不可估量，面向农村的农村市场有着极大的市场空间，蕴藏着极大的市场开拓潜力。

2. 需求差异大

农村市场的消费者对商品的需求有着很大的差异性。从农村市场本身来看，农村市场具有分散性，这种分散性使得消费者有很大的需求差异。我国幅员辽阔，不同的地区之间存在自然地理条件、气候条件、历史文化等差别，这些差异都造成不同地区的消费者对生活资料的不同需求。从市场消费者方面来看，乡镇消费者与城市消费者存在着收入、购买行为、生活文化、教育水平等方面的差异，也造成了二者之间的需求差异。例如，就大多数城市消费者来说，在购买商品的过程中，商品的质量因素要先于商品的价格因素，而对大多数乡镇消费者来说，价格因素仍是首要考虑因素，因此，乡镇消费者对低档品的需求要远大于城市消费者。

3. 假冒伪劣产品多

目前，个体商业成为我国农村市场的主流，然而，这些个体商业大多存在实力弱、达不到规模经济、经营不合理、进货渠道复杂、商品采购成本高等问题，使之商品售价较高。与之相矛盾的是，对大部分农村市场的消费者来说，价格仍是其在商品购买过程中考虑的首要因素。一方面是个体商业运营造成的商品高价，另一方面是消费者寻求的商品低价，两者造成了农村市场消费环境的恶化，假冒伪劣产品的横行。据商务部调查，全国 70% 以上假冒伪劣产品的生产和消费发生在农村，高达 74.8% 的农民曾买到过假冒伪劣商品。面对这种消费安全恶化的状况，农村市场急需建立起现代化的、有严格质量管理的流通和消费市场。

---

① 北青网. 统计局：2018 年社会消费品零售总额同比增长 9.0%［EB/OL］. https：//baijiahao. baidu. com/s? id=1632279329730737142&wfr=spider&for=pc，2019-01-21.

4. 运营成本大

从表面上看，农村市场商业经营的投资成本较低，如其开店成本、店面租金、店面装饰、员工工资等方面的费用要低于城市，但是从投入与产出的关系上来看，农村市场的运营成本实际上要大于城市市场。从消费者方面看，存在乡镇人口密度低、购买力相对较低、消费需求分散等问题。从市场角度看，存在农村市场分散、商业基础设施薄弱等问题。其中，造成农村市场运营成本大的主要原因是其中的物流成本较高。

5. 市场体系不够健全

我国存在农村市场体系发育不健全、不完善的现象。长期的二元经济结构使得绝大部分消费品生产和完善的商业网络集中在城市，而农村市场存在商业网点和商业流通主渠道缺乏的现象。供销社曾经是乡镇销售网点的主渠道，但在激烈的市场竞争中，早已陷入困境。如今，大量分散的个体商业成为农村市场的主导力量，流通方式回归到了商品经营从进到销全过程可以"自给自足"的"小农"经济状态，而个体商业在经营、仓储等方面有很大局限性。这些原因造成目前农村市场流通网络残缺不全，销售网络和服务网络极不完善，使消费者对商品质优价廉的基本要求得不到满足，更不能满足我国进行社会化大生产、大流通的需要。

二、连锁超市在农村市场的发展

连锁超市的出现，使得商品流通业发生了翻天覆地的变化。信息经济时代，连锁超市朝气蓬勃，生机盎然。1930 年，在美国纽约州长岛的牙买加诞生了最早的超级市场，具有几十年经营食品经验的美国人迈克尔·库仑开设了第一家具有现代意义的超级市场——金库伦联合商店。我国于 1981 年引进了超级市场这种现代化的零售方式，但基本上是由港台零售商在广东等沿海地区开设。1990 年 12 月 26 日，广东省美佳超市公司在东莞虎门镇开设了我国第一家本土超市。1991 年 9 月 21 日，上海华联超市公司在上海开设了第一家超市，成为上海连锁超市的"领头羊"，至今，本土超市在我国已发展了近 18 年。经过近 18 年的洗礼，连锁超市已经成为中国零售业最耀眼的明星。然而，令人遗憾的是，虽然连锁超市已经成为发展最为迅猛的零售业态形式，但这种成熟发展主要集中在城市，就乡镇地区来说，连锁超市的发展还处于起步阶段。

1. 农村连锁超市的发展阶段

农村连锁超市起步较晚，发展也不够成熟。在农村连锁超市的发展过程中，有两件对其发展有重大影响的事件。一个是中国加入 WTO，另一个是 2005 年 2 月商务部组织实施的"万村千乡"市场工程。连锁超市的发展以这两个事件为分割点，大致经历了以下三个发展阶段：

第一阶段：1991～2001 年，从连锁超市开始在中国发展到中国加入 WTO 前。这一时期，中国城市连锁超市可以说完成了起步、发展的阶段。在连锁超市发展的起步阶段，商家纷纷把目光投向了发达的城市，广州、上海和北京等城市作为中国经济发展最快的地区，连锁超市的发展也起步最早。这一时期，商家无暇顾及发展还不够成熟的农村市场。1995 年底，法国家乐福公司率先在北京和上海开设了两家大型综合超市，此后，国际著名的跨国连锁集团如日本八佰伴、德国麦德龙等也纷纷进入我国的几大城市，出现了营业面积上万平方米的大卖场和实行 24 小时营业、终年无休的便利店，这样就形成了多元化的发展势态和国际化的竞争局面。面对这种局面，有远见卓识的商家开始注意发展迅速的农村市场。1998 年 4 月 6 日，苏果超市的第一家加盟店——溧水县苏果加盟店开业，苏果超市迈出了向乡镇进军的第一步。到 1998 年底，仅 8 个月的时间，苏果超市的门店数就达到了 80 多个，可以说是连锁超市发展的典范。

第二阶段：2001～2005 年。2001 年 11 月我国加入 WTO，面对良好的零售业竞争环境的建立，外国著名跨国零售集团在中国高歌猛进，我国超市与外资超市拉开了"圈地"竞争的帷幕。尤其是按照"入世"协议，从 2004 年 12 月 11 日开始，我国取消对外国投资商业企业在地域、股权和数量等方面的限制。外资连锁超市以其雄厚的资本实力、强大的技术支持、成熟的管理经验、规范的运作管理以及先进的经营理念和优秀的人才对我国连锁超市业形成了巨大的冲击。中外超市公司在中国市场的竞争，已经到达了"白热化"的阶段。这时的商家开始充分关注相对来说还是"净土"的农村市场。在城市无力与大型超市抗衡的中小超市纷纷开始开拓农村市场。更有甚者，如美国的沃尔玛、法国的家乐福、荷兰的万客隆在完成对中国主要城市的布点之后，也筹划向县级、乡级市场渗透。可以说，这一时期的连锁超市在大的经济环境的影响下，得到了一定的发展。

第三阶段：2005 年至今。2005 年 2 月 6 日，商务部正式启动"万村千乡"市场工程。这项工程的启动，直接促进了农村连锁超市的发展。仅工程启动的，全国就有 1150 家流通企业在 777 个县市进行了试点，新建和改造 7 万个标准化农家店。① 国家政策的支持、"万村千乡"市场工程为零售商业企业开辟连锁超市经营模式、创新研究农村市场创造了新机。在这种良好的势态下，各商家积极抢占农村市场，挖掘乡镇的消费潜力。

2. 政府政策对发展连锁超市的推动作用

2005 年 2 月 6 日，商务部下发《关于开展"万村千乡"市场工程试点的通知》，正式启动"万村千乡"市场工程。此次工程的主要目标是，从 2005 年开始，力争用三年时间，在试点区域内培育出 25 万家左右连锁经营的"农家店"，形成以城区店为龙头、乡镇店为骨干、村级店为基础的农村消费经营网络，促进工业品下乡，农产品进城，逐步缩小城乡消费差距。在具体的实施过程中，试点的推荐方式是由各省级商务主管部门制定试点规划，推荐试点县市，并核准试点县市推荐的试点企业。有关试点规模，中西部地区试点县市不超过县市总数的 20%，东部地区不超过 30%。申请试点的县市按每县 1~3 家流通企业（企业不受地域限制）在 2005 年主要推行了全国第一批的试点工作。

2005 年，全国 1150 家流通企业在 777 个县市进行"万村千乡"市场工程试点，新建和改造了 7.1 万个标准化农家店。2006 年 2 月，商务部公布了 2006 年"万村千乡"市场工程的工作目标，力争当年改造、建成 10

① 资料来源于中国信息报社。

万家标准化农家店。① 2006 年的主要任务为：在县及县以下地区建立配送中心；在乡、村两级建设日用消费品农家店、农业生产资料农家店，建设标准要符合要求。2006 年，国家继续加大对"万村千乡市场工程"的支持力度，安排专项资金，适当提高对乡村两级农家店的资金扶持标准，提高对配送中心的贷款贴息率。过去，每个乡镇店直接补贴 2000 元，每个村级店补贴 3000 元。现在，政府对中西部地区所有店的财政补贴再增加 800元，配送店的贴息也由 2%增长到 5%。

当时，农村商品流通存在设施不足、方式陈旧、成本较高、农民进入市场较难等问题，不仅影响农业生产和农民增收，也抑制农民消费，延缓了农村市场化进程，成为农村发展面临的新瓶颈。"万村千乡"市场工程的主要目的是针对我国农村消费市场的现状，运用现代流通方式，建立新型农村市场流通网络，改善农村消费环境。工程推行的思路是以市场为导向，以效益为中心，以企业为主体，以政策为手段，以试点为抓手，以政府为助力。"万村千乡"市场工程将覆盖全国 70%乡镇、50%自然村，通过建立新型农村市场流通网络、改善农村消费环境，保障农民方便消费、放心消费。这项工程引导城市连锁和超市向农村伸展，最终目的就是让有条件的农民在家门口购买优质商品、享受便捷服务，早日过上现代消费生活。

随着工程的逐步实施，我国整体的农村市场环境得到了极大的改善。

（1）转变了传统的商品经营模式，新型业态迅速普及。农村商业正在由一家一户的单体经营走向品牌连锁、统一配送和统一经营的连锁模式。

（2）农村消费环境的进一步改善，刺激了农民消费。开设的连锁店严把质量关，使农民买得放心，平均销售额增长，经济效益普遍提升。

（3）农村商贸服务趋向产业化，加快了农村城市化步伐。大力发展商贸设施，不仅为广大商户提供条件、创造商机，同时也吸引很多农民离开土地投身到流通领域，促进了人流、物流、资金流和信息流的集合，推动镇区规模不断扩大。

---

① 资料来源于中国信息报社。

第三章 农产品电子商务

第一节 电子商务概述

一、电子商务的概念

电子商务，英文是"Electronic Commerce"，简称"EC"。电子商务通常是指在全球各地广泛的商业贸易活动中，在互联网开放的网络环境下，基于浏览器/服务器，买卖双方不谋面地进行各种商贸活动，实现消费者的网上购物、商户之间的网上交易和在线电子支付以及各种商务活动、交易活动、金融活动和相关的综合服务活动的一种新型的商业运营模式。电子商务涵盖的范围很广，一般可分为企业对企业（Business-to-Business）或企业对消费者（Business-to-Customer）两种。另外，还有消费者对消费者（Customer-to-Customer）这种大步增长的模式。随着国内互联网使用人数的增加，利用互联网进行网络购物并以银行卡付款的消费方式逐渐流行，市场份额迅速增长，电子商务网站也层出不穷。

二、电子商务的应用特性

1. 商务性

电子商务最基本的特性为商务性，即提供买、卖交易的服务、手段和机会。网上购物提供了一种客户所需要的方便途径。因而，电子商务对任何规模的企业而言，都是一种机遇。就商务性而言，电子商务可以扩展市场，增加客户数量。通过将万维网信息连接至数据库，企业能记录下客户访问量、销售量、购买形式、购货动态以及客户对产品的偏爱，这样企业就可以通过统计这些数据来获知客户最想购买的产品是什么。

2. 服务性

在电子商务环境中，客户不再受地域的限制，像以往那样忠实地只做某家邻近商店的老主顾，他们也不再仅仅将目光集中在最低价格上。因而，服务质量在某种意义上成为商务活动的关键。技术创新带来新的结果，万维网应用使得企业能自动处理商务过程，并不再像以往那样强调公司内部的分工。现在，互联网上许多企业都能为客户提供完整服务，而万维网在这种服务的提高中充当了催化剂。

企业通过将客户服务过程移至万维网上，使客户能以一种比过去简捷的方式完成过去他们花费较高成本才能获得的服务。如将资金从一个存款户头移至一个支票户头、查看一张信用卡的收支、记录发货请求，乃至搜寻购买稀有产品，都可以足不出户实时完成。

显而易见，电子商务提供的客户服务具有一个明显的特性：方便。这不仅对客户来说如此，对于企业而言，同样如此。我们不妨来看这样一个例子。比利时的塞拉银行，通过电子商务，可使客户全天候地存取资金贴户，快速地阅览诸如押金利率、贷款过程等信息，这使得服务质量大为提高。

3. 集成性

电子商务是一种新兴产物，其中用到了大量新技术，但并不是说新技术的出现就必须导致老设备的死亡。万维网的真实商业价值在于协调新老技术，使用户能更加行之有效地利用他们已有的资源和技术，更加有效地完成他们的任务。

电子商务的集成性，还在于事务处理的整体性和统一性，它能规范事务处理的工作流程，将人工操作和信息处理集成为一个不可分割的整体。

这样不仅能提高人力和物力的利用率，也提高了系统运行的严密性。

4. 扩展性

要使电子商务正常运作，必须确保其可扩展性。万维网上有数以百万计的用户，而传输过程中，时不时地会出现高峰状况。倘若一家企业原来设计每天可受理 40 万人次访问，而事实上却有 80 万，就必须尽快配有一台扩展的服务器，否则客户访问速度将急剧下降，甚至还会拒绝数千次可能带来丰厚利润的客户的来访。

对于电子商务来说，可扩展的系统才是稳定的系统。如果在出现高峰状况时能及时扩展，就可使系统阻塞的可能性大为下降。电子商务中，耗时仅 2 分钟的重新启动也可能导致大量客户流失，因而可扩展性可谓极其重要。

1998 年，日本长野冬奥会的官方万维网节点的使用率是有史以来基于互联网应用中最高的，短短的 16 天，该节点就接受了将近 6.5 亿次访问。全球体育迷将数以百万计的信息直接通过体育迷电子邮件节点发给运动员，而与此同时，还成交了 600 多万笔交易。这些惊人的数字说明，随着技术的日新月异，电子商务的可扩展性将不会成为瓶颈所在。

5. 安全性

对于客户而言，无论网上的物品如何具有吸引力，如果他们对交易安全性缺乏把握，他们根本就不敢在网上进行买卖。企业和企业间的交易更是如此。

在电子商务中，安全性是必须考虑的核心问题。欺骗、窃听、病毒和非法入侵都在威胁着电子商务，因此要求网络能提供一种端到端的安全解决方案，包括加密机制、签名机制、分布式安全管理、存取控制、防火墙、安全万维网服务器、防病毒保护等。为了帮助企业创建和实现这些方案，国际上多家公司联合开展了安全电子交易的技术标准和方案研究，并发表了 SET（安全电子交易）和 SSL（安全套接层）等协议标准，使企业能建立一种安全的电子商务环境。随着技术的发展，电子商务的安全性也会相应得以增强，成为电子商务的核心技术。

6. 协调性

商务活动是一种协调过程，它需要雇员和客户，生产方和供货方以及商务伙伴间的协调。

为提高效率，许多组织都提供了交互式的协议，电子商务活动可以在这些协议的基础上进行。传统的电子商务解决方案能加强公司内部相互作用，电子邮件就是其中一种。但那只是协调员工合作的一小部分功能。利用万维网将供货方连接到客户订单，并通过一个供货渠道加以处理，这样公司就能节省时间，消除纸张文件带来的麻烦并提高效率。

电子商务是迅捷简便的、具有友好界面的用户信息反馈工具，决策者们能够通过它获得高价值的商业情报、辨别隐藏的商业关系和把握未来的趋势。因而，他们可以作出更有创造性、更具战略性的决策。

第二节 电子商务在农村商品流通体系建设中的应用

我国新农村市场发展的主要问题在于存在"小农户和大市场"的矛盾，分散的独立生产者所生产的大宗农产品需要汇集到城市中，分销给众多的消费者，需要一套有组织的完善的销售网络体系，也要建立完善的农产品资讯体系。但是单个农户作为新农村生产经营的基本单元，它们收入的增加不是依靠有效利用现有的土地资源及现代化的技术和信息，而是选择外出打工，造成了资源的严重浪费和流失，也不能支撑庞大的农副产品市场的发展。单个农户和市场之间缺乏有效的连接机制，即中介缺失而不是市场缺失。这些市场都是建立在信息流和物流基础之上的，这就显示出新农村发展电子商务的必要性。电子商务可以将新农村生产的产前、产中、产后诸多环节有机地结合起来，解决新农村生产和市场信息缺乏沟通的问题。开展新农村电子商务能有效解决农产品流通、新农村信息鸿沟问题，从而形成新农村信息的商务化、数字化和网络化。

一、我国农村商品流通体系存在的问题

改革开放以来、以供销社为主体的农村物流体系逐渐解体，产生了各种类型的个体流通企业或个体商店。组织化程度低，规模小，设施不齐全，经营管理手段落后是我国农村商品流通体系的基本特征，农村缺乏现代的、大型的、有组织的流通企业和流通体系。当下，农产品流通体系主要存在以下问题：

1. 农产品流通业现代化的程度低

农产品流通业的主体是小个体户和部分供销社，经营规模小，经营环境差，经营设施落后，依靠个体户个人经验进行管理，经营管理的现代化程度极低。

2. 农村商品流通的成本很高，利润率较低

由于农村购买力低下，消费分散，农村商业主体规模较小，而又必须能够满足农村生产生活各方面的需要，使得农村个体商户采购商品时，采购种类多，但单种商品的采购数量很少，缺乏谈判能力，交易次数、交易费用和采购价格都很高，而远距离采购和落后的交通设施又使商户的运输成本提高。因此，农产品流通的总成本很高，商业利润很低。

3. 农村商品流通质量差、档次低、流通成本高

农民收入相对较低，再加上假冒伪劣商品泛滥，使得农产品流通的商品质次价高，农民即使支付与城市居民一样的价格也不能消费同样的商品，大大降低了农民的生活水平。农产品流通体系的落后严重制约了农村生产的发展和社会的进步，影响了农民收入水平的提高和生活水平的改善。

由于电子商务能够提供快速、准确的信息，帮助流通业主进行科学管理，简化采购程序，降低商品流通成本，能从根本上解决以上问题。发展电子商务是促进农产品流通体系建设的重要途径。

电子商务在中国农村的应用主要有两个方面：一是提供农产品流通的

资讯，帮助农民解决"卖难"的问题，使农产品的生产更具有市场导向；二是电子商务帮助农村搭建信息平台、提供信息流和物流，为农村市场构建完善的商品流通体系。

二、连锁企业和电子商务结合能够产生的作用

1. 连锁企业和电子商务结合应用于农村市场的必要性

连锁超市电子商务的 B2B 是指超市作为一个整体与供应商之间所有义务往来的电子化实现模式，通过计算机技术、往来通信，实现资源的共享。

在农村市场环境中，连锁企业要想实现规模效应，必须利用现代化的信息技术，实行电子商务管理。但农村市场地域广阔，连锁的布点更加零散，这给连锁管理带来了更大的考验，连锁企业必须实行电子商务，对连锁实行高效的管理，从而不断提高企业的效益，使企业得到快速发展。

（1）连锁经营与电子商务的结合可以实现农产品流通企业的管理现代化。连锁经营的基本原则是简单化、标准化、专业化，追求统一的店名和店貌，统一采购，统一价格，统一核算，统一配送，统一管理。在农村发展连锁经营，利用现代化的连锁经营管理理念、方法和技术可以迅速提升农村商业企业的管理水平和管理绩效。同时，利用电子商务技术，可实现对农村商业网点管理的信息化和网络化，采用 POS 系统和库存管理系统实现从经验管理和事后管理向事前、事中管理和科学管理、数字化管理转变，迅速提高农村产品流通的现代化水平。

（2）连锁经营与电子商务的结合可以大大降低农村的农产品流通成本。在农村发展连锁经营，连锁经营追求的统一采购、统一配送可以数倍地减少交易次数，减少交易环节，扩大一次性采购量，提高对供应商的议价能力，从而大大降低交易成本，提高采购效率，同时获得低价格的商品供应，有效防止假冒伪劣产品。利用电子商务能实现连锁总部、配送中心与农村连锁店的电子化交易和管理，可以跨越时间和空间的障碍，低成本地实现信息共享和及时的沟通交流，既提高了效率也降低了成本。

（3）连锁经营和电子商务的结合可以加速农村的市场化进程。在农村发展连锁经营，将总部和配送中心设在城市，可以将农村和城市的商品流通体系有机地结合在一起，使农村市场和城市市场融为一体，成为一个统一的市场体系。发达的商品流通体系可以进一步深化农村社会分工，促进农村经济发展。电子商务可使农民迅速了解国内外市场信息和需求动态，并实现网上交易，使农产品低成本对外销售，农村市场与国内国际市场接轨，农产品和农村商品价格与大城市乃至国际市场价格趋于一致。

2. 连锁企业与电子商务结合应用于农村市场的现实基础

目前，在"万村千乡"工程和"信福"工程的政策推动下，在我国农村发展连锁经营和电子商务具有现实的可能性，前景广阔。这主要体现在以下几点：

（1）连锁经营是流通企业低成本扩张的最好方法。目前，连锁经营的观念、模式、方法、技术、管理等都已经相当成熟，容易推广和应用，并也被广大农村居民所接受，在广大农村地区可以将连锁经营的先进管理理念、技术方法等实现低成本移植。

（2）投入资金相对较少，进入壁垒低。农村由于购买力较小并相对分散，在农村发展连锁经营的单个网点规模都较小，需要投入的资金、场地、人员、设备、库存较少，同时由于有连锁中心的统一采购和统一配送，大大减少了连锁店的库存和资金占用，比单体经营的投入要少很多。

（3）多项政策支持电子商务的发展。农村的电信设备逐渐完善，手机等通信设备的普及率提高，特别是商务部的"信福"工程顺利开展，各级政府也在全力推动和改善农村的信息化建设，这些都为农村电子商务的发展创造了有利的条件。同时，计算机和网络技术日益成熟，特别是电子商务系统操作和应用的简化，使农村连锁店实现电子商务和电子化管理有了可能。农村连锁网点可以共享总部的服务器、电子商务系统和管理软件，连锁店的硬件投入仅仅是一台能上网的电脑。

3. 连锁企业与电子商务结合应用于农村市场的具体措施

农民迫切需要改善生产和生活的基本条件，改善生活环境和生活用品的品质，这一切需要发展现代化的连锁经营和电子商务。

基于农村目前各种设施还不完善的现实情况，我们应积极响应各种政策，调动各方面的积极因素，采取各种有力的措施发展连锁经营和电子商务，构建现代化的农村商品流通体系：

（1）必须正确认识连锁经营的原则和本质特征，规范化经营。目前由于对连锁经营的原则和本质存在不同程度的片面认识，缺乏对连锁经营的内涵的全面把握，在实际连锁经营过程中产生的种种不规范行为，连而不锁，制约我国连锁经营的发展。因此，要构建发展农村连锁经营，必须正确把握连锁经营，应当以现有的农村网点改造为主，避免人员、资金和场所的浪费和重复建设。

（2）以县城或乡镇为中心建立现代化采购和配送中心。连锁经营本质上要求统一采购和统一配送，这也是连锁经营的优势所在。因此，必须建立现代化的连锁配送中心，大部分县城和乡镇是农村经济活动的中心，对农村有巨大的引导、积聚和辐射功能。由于地理上、经济上和政治上的有利地位，县城可以成为农村商业活动的中心，应当在县城或中心乡镇建立配送中心，才可以实现农村和城市的有机结合。同时，配送中心必须是现代化和高效率的，充分利用现代化的物流技术装备，保证商品采购和配送的高效率，低成本、及时性和准确性。

（3）积极发展电子商务、实现连锁经营现代化。连锁经营与电子商务的结合、与物流配送的结合是现代零售业成功的法宝。农村现代商品流通体系的构建必须在发展连锁经营的同时积极发展电子商务，利用电子商务来提升连锁经营，利用网络和电子商务技术，将农村的连锁店与连锁总部、配送中心等连为一体，实现采购、配送、销售、库存管理和企业管理的电子化和网络化，可以大大提高农村商品流通的效率，降低流通成本。

（4）加强连锁经营和电子商务的人才培养。在广大农村发展连锁经营和电子商务需要培养大批量的电子商务和连锁经营的专业人才。因此，要在大学本、专科教育迅速发展的同时大力发展继续教育，特别是对现有农村商业经营管理人员进行连锁经营与电子商务知识培训，让他们认识、接受连锁经营与电子商务先进发达的商业经营模式，同时积极参与到农村连锁经营与电子商务的发展建设中。

三、构建基于电子商务的农产品物流体系

农产品物流是农产品流通体系的一部分，是农民"卖粮难"问题产生的重要环节，依托电子商务改善农村农产品物流体系，既是解决这一问题的重要途径，也是对农产品流通体系现代化的重要贡献。

1. 我国农产品物流体系的现状分析

我国农业体系从生产资料到种植、养殖，再进入加工和销售，最后到服务，这个庞大的组织体系中会集了全国 9 亿农民，240 万农民经纪人，95 万经营大户，17 万个农村合作及中介组织，5 万农业产业化龙头企业。物流则是连接整个组织各个节点的动脉。合理的物流体系能使整个大农业组织焕发勃勃生机；反之，则会对整个组织的协调运作产生重大影响。

这里，先分析目前我国农产品物流体系主要存在的问题。

（1）物流成本居高不下。我国的农产品物流以常温物流或自然物流为主，农产品在流通过程中损失很大。数据统计显示，我国水果、蔬菜等农副产品在物流环节上的损失率在 25%～30%，而发达国家的损失率则控制在 5%以下，美国仅有 1%～2%。导致我国农产品流通成本居高不下的原因主要有：

1）流通领域主体过多，产销链过长。农产品物流中的主体主要包括：农产品生产加工及销售的企业和个人，提供农产品物流服务的组织。我国有 9 亿农民，240 万农民经纪人，95 万经营大户，17 万个农村合作及中介组织，5 万农业产业化龙头企业，如此巨大的流通领域主体必然会产生较高的交易成本。另外，我国大部分农产品一般会经过这样几个环节流通：生产者→产地市场→运销批发商→销售地市场零售商→消费者，过长的产销链也会导致较高的流通成本。

2）立体交互式运输网络尚未形成，运输成本高。我国幅员辽阔，地

形复杂，地区间差异较大，这就对我国的农产品运输提出了更高的要求，然而我国立体交互式运输网络尚未形成，农产品要在不同地区间流通会产生较高的运输成本。

3）储藏加工保鲜技术落后，流通损耗大。我国农产品的储藏加工保鲜技术比较落后，绝大多数农产品是由产地以原始产品的形式销售，使得农产品在流通中耗损严重，间接增加了流通成本。

（2）供应链节点间缺乏信息共享，农产品总体信息化程度低。我国农产品市场几乎没有一个经过统一规划和设计的信息系统，供应链节点间信息化程度差异较大，信息共享程度低，导致农产品在整个供应链上信息化程度不高，究其原因主要有以下几个方面：

1）信息在传递过程中渠道过长和节点过多，信息不对称的情况普遍存在。农产品生产出来后一般要经过四五个环节才能最终到达消费者手中，流通渠道过长必然会产生信息扭曲或失真，信息不对称在整个农产品供应链中普遍存在。就农产品生产者而言，对农产品的质量和生产中出现的问题掌握较完备，而对市场需求量和价格却只能掌握较少的信息，农产品渠道商正好与之相反，信息掌握较为完备的一方隐藏信息，就会在一定程度上导致购销价格差异过大，市场价格不能很好地反映供需情况。

2）农产品物流成员分散，缺乏统一的信息网络平台。在我国，有几百万的企业和个人从事农产品物流，很多企业还没有意识到信息化对自身发展的重要影响，它们各自进行物流运作，缺乏能够进行沟通和信息共享的网络平台，没有形成整体优势，导致信息的区域化和板块化。

3）基层农业信息网络不完善，农民处于信息贫瘠状态。我国农村在农业信息网络建设方面还不完善，生产者不能充分掌握农产品流通中的信息，不能根据这些信息安排生产，造成供应链中的产销脱节，从而导致生产带有较大的盲目性，农民很难依据市场需求及时调整生产和产量，使农产品供给短缺和过剩的现象交替出现。

（3）市场体系功能落后，还处于"商物合一"的初级阶段。我国已初步形成了以批发市场为中心、以集贸市场和零售市场为基础的农产品市场体系。批发市场连接多种流通渠道，贯通城乡、各个地区，成为物流网络的主要据点；城乡集贸市场则发挥着产区收购、批发和销区批发、零售的部分功能；零售市场中，新兴的农产品超市、连锁店代表了农产品流通的发展方向。但就整个市场体系而言，其功能还比较落后，具体表现在：

1) 市场形成价格稳定性差、波动大，不能很好地反映市场供需情况。截至2003年，我国农副产品批发市场已发展到4862个，但大多数规模较小，地域分散，产品供求信息隔离，难以实现交易集中化、市场透明化、竞争充分化的市场环境，导致农产品价格稳定性差、波动大，不能很好地反映市场供需情况。

2) 市场交易原始，还处于"商物合一"的初级阶段。在我国，大部分农产品交易仍采用"一对一"的对手交易方式，以现货交易和现金结算为主，交易规模小、频率大，搜寻信息难度大、成本高，进而产生了较高的交易成本。

3) 市场信息体系落后，服务能力差。近年来，农业部加快推进农村经济信息体系建设，有些大中型农产品批发市场、农产品超市也建立了企业网站并实现了联网，但就整个农产品市场信息体系而言，还存在信息不集中、信息传递面窄、信息质量低、信息流通不畅等问题，从而导致农产品生产大起大落的现象。

2. 构建基于电子商务的农产品物流体系的必要性

我国作为一个农业大国，农产品物流涉及整个国民经济的运行效率和质量，涉及农业现代化和农民的根本利益。然而，我国现阶段的农产品物流体系较为落后，存在流通成本高、流通环节多、信息化程度低、市场体系功能落后等问题，构建新型农产品物流体系解决上述问题有重要的实践意义。另外，我国其他行业的电子商务蓬勃发展，无论是B2B还是B2C的运作模式都已相对成熟，对农产品物流的电子商务化具有一定的借鉴意义。因此，借助电子商务的手段，构建新型的农产品物流体系具有其历史必然性和必要性。

(1) 现代物流的本质决定了农产品物流需要电子商务。现代物流的本质就在于以系统的观念进行物流功能整合，即将运输、仓储、包装、装卸搬运、流通加工、配送和物流信息等功能环节集成整合，一体化运作，从而有效降低物流成本提高流通效率和效益，增强企业和产品的竞争力。一方面，现代物流是一个技术密集型的产业，其水平的高低在于技术的应用和发展，而互联网、电子商务出现在基础应用层面、环境体系层面及销售时点层面上，为现代物流提供了技术支持，能够极大地推动我国现代物流的发展；另一方面，降低物流成本、提高流通效率和效益关键在于对信息的管理，信息网络是现代物流体系的重要组成部分，没有现代信息网络为依托，现代物流就难以实现，物流效率就无从谈起，运用网络平台和信息技术将物流中的各个节点连接起来，实现物流全过程的信息化、数字化，实现信息资源的共享和连通，可有效降低物流成本，提高流通效率。因此，运用电子商务，实现电子化物流，是现代农产品物流体系发展的必然要求和趋势。

（2）农产品消费观念的改变决定了农产品物流需要电子商务。随着经济的发展和生活水平的提高，人们的农产品消费观念已经从传统的单一性、烦琐性转向现代化的多样性、快捷性和交互性，这就对农产品物流体系提出了更高的要求，即物流体系必须具备充分的柔性，能更好更快地提供高质量、高价值、多选择的产品。在这种情况下，农产品流通中的各个节点就需要以电子商务为手段构建共同的现代物流信息平台，相互合作，即时沟通共享信息，提高整个物流体系的快速反应能力、运作效率和服务水平，以满足人们快速多变的消费需求。

（3）农产品的特殊性决定了农产品物流需要电子商务。农产品具有区域性、季节性、分散性、不确定性及生命周期较短等特点，而消费者对农产品的消费需求又具有全年普遍性、多样性和变化性等特征，农产品特殊性与其消费特征之间的矛盾是现代物流体系需要解决的问题之一。通过电子商务使农产品流通网络化可以把区域性、分散性的农产品集中在一个或几个平台上以适应消费者多变的需求，改变农产品在产地供过于求，在销地供不应求的市场分割局面，减少流通环节，缩短交易时间，降低交易成本，提高流通效率。

3. 构建基于电子商务的农产品物流体系的相关要素

构建基于电子商务的农产品物流体系就是以互联网为前提，以信息技术为依托，以电子商务为手段，以第三方物流为保障，在供应链各节点间建立一种战略伙伴关系，实现从生产者、分销商、零售商到最终消费者的商流、物流、信息流和资金流在整个供应链上畅通无阻，将原本分离的生产、采购、运输、仓储、代理、配送等物流环节紧密连接起来，实现整个农产品供应链的无缝对接，最终达到双赢甚至多赢的目的，为农产品流通、信息共享提供解决思路，构建一个由农户、企业、政府、消费者共建的农产品物流电子商务化体系。

（1）互联网——实现农产品电子化物流的基本前提。互联网是连接农产品物流各节点的脉络，通过互联网，农产品生产者可以了解市场需求信息，并有针对性地组织生产，从而确保农产品的供需平衡，缩小农产品市场价格波动幅度，降低市场风险；物流中间商可以根据农产品的供给信息和需求信息，合理地组织仓储和输运，减少农产品在产地供过于求、销地供不应求的现象，降低信息不畅所带来的经营风险；最终消费者可以通过网络了解农产品供给信息和市场价格信息，减少由于信息不对称所带来的损失。因此，互联网建设尤其是农村互联网的建设是实现农产品电子化物流的基本前提。

（2）信息技术——实现农产品电子化物流的客观条件。现代农产品物流的发展目标是以最快捷的方式，最低廉的成本，最高效的运作模式为社会提供最优质的服务，这不仅需要较高的管理水平，还要有先进的技术为之服务，这就要求现代物流体系要吸纳和采用许多代表当今科技发展水平的现代化技术，还要其本身不断创新和开发许多独特的物流技术。从基础应用技术层面上讲，需要以地理信息系统（GIS）、全球卫星定位系统（GPS）、条码技术（Bar Code）、射频技术（RF）为基础；从环境体系技术层面上讲，需要电子数据交换（EDI）做支持；在作业管理技术层面，需要及时制技术（JIT）、分类管理技术（ABC）做支撑；在销售时点管理技术层面，需要销售时点信息系统（POS）有效客户信息反馈（ECR）、自动连续补货技术（CEP）、快速响应（QR）做保障。但这些技术在我国农产品物流体系中的应用还处于初级阶段，要实现我国农产品电子化物流就必须加快信息技术的应用。

（3）第三方物流——实现农产品电子化物流的重要保障。农产品生产者大多分布在农村，信息较为闭塞，很多农产品供应商找不到合适的销售商，而销售商也不知道如何寻找供应商，造成"农民愁白头，商家跑断腿"的现象。利用第三方物流，可以通过其建立的信息网络系统，迅速地收集和处理市场供求信息，将供应商和销售商联系起来，促成交易，平衡供需。另外，农产品的区域性、季节性以及生命周期较短等特征决定了农产品更需要第三方物流来完成配送，通过专业的物流配送，可以缩短流通时间、扩大流通半径、减少流通损耗、降低流通成本。因此，第三方物流是构建信息流、商流、物流合一的现代农产品电子化物流体系的重要保障。

（4）电子商务交易模式——实现农产品电子化物流的必要手段。随着农产品物流的发展，高成本、低效率的对手交易模式已难以适应农产品流通的要求，市场呼唤更加先进、即时、高效的交易模式。电子商务不失为一种良好的借鉴手段，它的广泛运用有利于减少农产品流通环节，缩短供应链，构建出"农产品生产者—农村销售合作组织—电子商务批发市场—网上零售商—最终消费者"新型的农产品电子商务流通链，缩短流通时间，减少交易频次，降低流通成本，改变市场条块化、信息不对称缺乏充分竞争的市场环境，提高市场透明度和公平性，建立反应灵敏、健全有效的公平价格形成机制和规模大、信息流畅、透明度高、竞争充分的全国农产品统一市场，对我国农产品流通和农业经济的发展必然会起到巨大的推动作用。因此，要实现农产品电子化物流，电子商务交易模式是一必不可少的重要手段。

综上所述，现代农产品物流配送系统应朝向电子网络化发展以电子商务为依托，把有形市场和无形市场有机结合起来，构建起基于电子商务的农产品物流新体系，这是推进我国农产品信息化的发展、形成农产品流通体系的新战略新举措，对我国农产品流通体系的现代化建设有着重大的意义。

第三节　农村信息化

上一节简要说明了我国农村电子商务的发展和农村物流体系建设的现状，本节介绍我国农村信息化的特点及趋势，并提出加快农村信息化建设的一些建议。

一、我国农村信息化的特点及趋势

据统计，截至 2019 年 6 月，我国农村网民有 2.25 亿人，占网民总数的 26.3%，较 2018 年增长了 305 万人。我国现有各种涉农电商平台 3 万多个，其中农产品电商平台 4000 多个。25 年来，我国农产品电商形成了 B2B、网络零售并存的多种模式创新的电子商务，有综合性电商、垂直性电商、社交电商、跨境电商等，以及各种配送供应链、网络金融。

经过多年的发展，我国的农村信息化建设呈现网络化、综合化、全程化的特点。首先，各种形式的局域网和高速公路网络用户增长迅速，专业公司、合作社、农场已普遍使用计算机和网络技术；其次，信息技术与现代科技，尤其是和农业科技的结合，使农产品的生产方式大大改进，农业生产经营水平不断提高；最后，农业农村信息化已经不再局限于某一独立的农业生产过程，单一的经营环境或者某一有限领域、区域，而是呈横向和纵向的拓展，向农业生产、经营、管理和服务等各个领域渗透。

当下，农业农村信息化处于新的方位，逐步从点的突破到系统提升，为农业农村发展注入活力，使现代农业成为重要的产业支撑。具体包括农业农村信息基础化设施加快完善，科研体系、产业体系、标准体系、评价体系初步建立，支撑能力明显增强；农业信息技术应用进入快速增长阶段，正在成为驱动调结构、转方式、加快发展现代农业的先导力量；农业农村信息服务加快普及，信息消费快速增长，信息经济潜力巨大等方面。

在当前和今后一段时期里，农业农村信息化应面向世界农业信息技术发展前沿，面向全面实施乡村振兴的主战场，面向"三农"发展的战略需求，以农业结构性改革和转变农业发展方式为导向，加强信息技术与农业农村领域融合发展的基础理论突破、关键技术研究、重大产品创制、标准规范制定和典型应用示范，建立以信息感知、定量决策、质量控制、精准投入、个性服务为特征的现代农业产业体系、生产体系、经营体系，提高农业生产智能化、经营网络化、管理数据化、服务在线化水平，为实施乡村振兴战略提供强大支撑。①

二、加快我国农村信息化建设的建议

我国农业农村信息化的宏观环境逐渐形成，迎来了难得的推进机遇，未来为了加快我国农村信息化建设的快速发展，需要从以下几方面入手：②

一是加强顶层设计和规划引导。围绕农业农村信息化工作重点，开展理论研究专题调研和水平评价。面向中长期发展系统，设计农业农村信息化顶层架构，包括重大问题需求、战略目标、重点领域、关键技术、市场机制、保障措施等，推动形成与之相适应的互联网农产品"进村入户"工程。

二是推动建立信息化政策体系。研究出台农业信息技术产品与农业信息补贴政策，推动出台农业农村信息资源共建共享信息法规，加快共享农业信息促进法，加大农业信息化发展的专项资金的规模，增加现有农业产业化和农村建设专项等对信息化的投入比重，加强财政保障力度。

三是强化农业信息技术研发。积极推动在国家科技重大专项、国家重点研发计划中部署实施"智慧农业技术创新与应用"重大工程，鼓励产学

---

① ② 中国农业农村信息化发展现状与展 ［EB/OL］. 搜狐网，https：//www. sohu. com/a/336945746_ 100186348.

研开展农业信息化科技合作，面向现代农业产业发展和智慧农业产业培育，创制并熟化一批农业智能感知、智能控制、自主作业、精准服务等智慧农业产品。

四是深化农业农村大数据应用。探索发展农业农村大数据的机制和模式，加快数据整合共享和有序开放，深化大数据在农业生产经营、管理和服务等方面的创新应用，逐步实现农业农村历史资料的数据化，数据采集的自动化、数据使用的智能化、数据共享的便捷化，为政府部门管理决策和各类市场主体生产经营活动提供完善的数据服务。

五是展开典型示范带动。选取重点领域开展试点示范，集成农业物联网、农业大数据、精准农业、智能装备与机器人、无人农场、食品追溯体系等智慧农业技术，探索农业农村信息化发展机制、路径和商业模式，提高农业信息化的理论和水平，培育一批可看、可听、可推广的示范典型，以点带面加速农业信息化技术应用，引领农业信息化产业。

六是加快培育农业信息化产业。建立与完善以政府为主体、社会力量广泛参与的多元化投入机制，坚持政府与企业的互动，通过政策引导，调动企业积极性、鼓励更多的企业与金融资本参与，培育智慧农业创新型企业，培育形成产业链条完整、产业集聚度高的智慧农业产业。

第四章　农产品物流

第一节　农村现代物流的发展现状

一、现代物流与农业物流

中国的"物流"一词是从日文资料中引进来的外来词，源于日文资料中对"Logistics"一词的翻译"物流"。根据中国的物流术语标准，所谓物流，是指"物品从供应地到接收地的实体流动过程，根据实际需要，将运输、储存、装卸、搬运、包装、流通加工、配送、信息处理等基本功能实施有机结合"。配送是以现代送货形式实现资源最终配置的经济活动，按用户订货要求，在配送中心或其他物流节点进行货物配备并以最合理的方式送交用户。一般认为，配送是物流的末端。在现代社会，物流业是国民经济的基础产业，对其他产业的发展起着重要的支撑作用。

1. 现代物流

（1）物流的特性。物流的基本职能是进行商品实体定向运动，这是物流的共性，无论是哪一种社会形态，只要有商品交换存在，商流和物流就必然会发生。当然，这里说的商品交换，是广义的商品交换，既包括商业系统的商品流通，也包括物资系统的商品流通，还包括不同经济成分经营主体在市场上所进行的商品流通。

物流在不同的社会形态条件下，表现出不同的特性。就物流本身而言，既受生产力状况的制约，又受生产关系、社会制度性质的制约。在资本主义社会，物流活动的目的，从根本上说是从属于资本家阶级牟取最大限度利润这一目标的。

物流的发展受生产社会化与生产资料私人占有性这一矛盾的制约，呈现出明显的紊乱和不合理性。但又应看到，在资本主义经济发展进程中，物流的发展具有先导性、超前性、科学性的一面。从 16 世纪开始，各资本主义国家都普遍重视交通运输业发展，铁路、轮船、公路、航空等领域的商品运输发展较快。第二次世界大战后，各国政府注意加强对经济活动的宏观干预，使物流的现代化、专业化、社会化水平不断提高，物流管理方面也有许多先进经验值得我国借鉴。

（2）物流的职能。物流的基本职能从总体上说是从事商品实体运动，与商品使用价值运动有关。因此，建立和健全必要的储存、运输基础设施，是物流职能发挥作用的前提条件。基于该条件，物流总体功能才能通过商品运输、保管、装卸、包装、配送、流通加工及与此有密切关联的物流情报职能的发挥体现出来。

1）运输职能。由于商品产地与销地之间存在空间的背离，有的商品是甲地生产，乙地消费；有的商品是乙地生产，甲地消费；有的商品是国外生产，国内消费；有的商品是城市生产，农村消费；有的商品是农村生产，城市消费。所以，要使消费者或用户买到所需商品，必须使商品从产地到达销地，这一效果只有通过商品运输才能达成。因此，物流的运输职能创造着物流的空间效用，它是物流的核心。不少人说物流就是商品运输，这正是从运输的核心地位角度来分析问题的。

2）保管职能。商品生产与商品消费存在时间上的不均衡。农副土特产品大多是季节性生产，常年消费；日用工业品大多是集中生产，分散消费，这就使商品流通的连续进行存在时间上的矛盾。要克服这个矛盾，必须依靠商业储存。通过商业储存，才能保证商品流通连续地均衡地进行，才能使商品连续地充足地提供给市场。所以说，保管职能创造着物流的时间效用，是物流的支柱。虽然商品储存在商品流通过程中处于一种或长或短的相对停滞状态，但这种停滞状态是由产品的产销方式和产销时间决定的，它是商品流通的物质保证，是商品流通所必需的。正如马克思在分析商品流通与商品储存关系时指出的："商品停滞要看作商品出售的必要条件。"并断言："没有商品储备，就没有商品流通。"在商品储存中，企业还必须对商品主动进行养护，防止商品在储存期间遭受各种损失。

3）包装职能。要能使商品实体在物流中通过运输、储存环节，顺利地到达消费者手中，必须保证商品的使用价值完好无损。因此，商品包装职能十分重要。合适的商品包装，可以维护商品的内在质量和外观质量，使商品在一定条件下不至于因外在因素影响而被破坏或散失，保障物流活动的顺利进行。包装职能是运输、储存职能发挥的条件。

4）流通加工职能。由于商品产销方式的不同，生产性消费一般要求大包装、单花色、大统货、单规格、散装件，而个人生活消费则需要商品小包装、多花色、分规格、组合件等，这就需要进行必要的流通加工，以适应商品销售的需要。

流通加工是在商品从生产者向消费者运动的过程中，为了促进销售维护商品质量和实现物流效率，而对商品进行的再加工。流通加工的内容，包括装袋、分装、贴标签、配货、数量检查、挑选、混装、刷标记、剪断、组装和再加工改制等。流通加工职能的发挥，有利于缩短商品的生产时间，满足消费者的多样化需求，克服生产单一性与需求多样化的矛盾，提高商品的适销率。

5）信息职能。如果把一个企业的物流活动看作一个系统，那么这个系统中就包括两个子系统：一个是作业子系统，包括上述运输、保管、包装、流通加工、配送等具体的作业功能；另一个则是信息子系统，是作业子系统的神经系统。企业对物流活动状况要及时收集，商流和物流之间要经常互通信息，各种物流职能要相互衔接，这些都要靠物流信息职能来完成。物流信息职能是由于物流管理活动的需要而产生的，其功能是保证作业子系统的各种职能协调一致地发挥作用，创造协调效用。

2. 农村物流

农村物流是相对于城市物流而言的，对于农村物流的定义，很多学者进行了探讨。其中，具有代表性的观点认为：农村物流是指存在于农村的以农业生产为中心而发生的一系列物质运动过程和有关的技术组织、物流管理等活动。农村物流体系是指为农村生产、生活和其他经济活动提供物流支持和服务的经济组织所组成的体系。由此可见，农村物流包含的范围很大，包含了农业物流和农村消费品物流。其中，农业物流具体来说包括农产品物流和农用生产资料物流。农产品物流又可以称为农业销售物流，它主要是指农业为满足用户需求和实现农产品价值，以脱离农业生产领域的农产品为中心而发生的一系列物质运动过程，相关的技术信息流动过程及组织、物流管理等活动。农产品物流一般是物资从农村到城市的流动。农用生产资料物流是指为保证农业生产进行，供给和补充农村生产所需要的生产资料的物流，包括化肥、种子、农药等农业生产资料从生产地到消费地的流动。农村消费品物流是不同于农产品物流和农用资料物流的另一个农村物流研究领域。农村消费品物流是指满足农村居民生活需要的消费资料（消费品）从供应者向农村消费者的物质实体的流动，是物资从城市到农村的流动，主要研究满足农村居民生活需要的消费资料的运输、储存、流通加工、包装、装卸搬运、配送和信息管理等物流活动。农村物流、农业物流和农村消费品物流之间的关系如图4-1所示。

农业物流与农业和农村发展有密切的联系，发展农业物流对改善农村商品流通环境有相当重要的作用，而农村日用消费品物流是改善农村商品流通的另一重要力量。

二、农村消费品物流的发展现状

1. 农村消费品物流的基本流程

消费品物流的流通起点一般是生产企业，终点是消费者，在流通中有

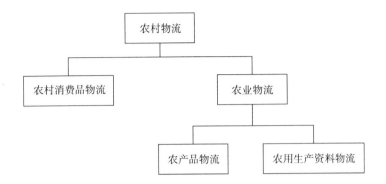

图 4-1　农村物流、农业物流和农村消费品物流的关系

时还会经过批发商和零售商等中间环节。流通的途径有多种，如图 4-2 所示。

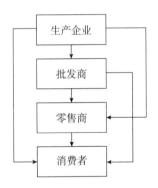

图 4-2　农村消费品物流过程

由于我国农村市场发展滞后，农村物流主体特殊，所以农村消费品物流流程与一般消费品物流流程有所不同。我国农村消费品物流流通体系（见图 4-3）中，消费品从生产企业流转到农村消费者手中，主要有以下六种流程：

（1）生产企业→农村供销社→农村消费者；

（2）生产企业→批发市场→农村个体零售商店或集贸市场→农村消费者；

（3）生产企业→城市批发或零售商→农村消费者；

（4）农户→农村消费者；

（5）生产企业→新型业态流通企业配送中心→连锁店→农村消费者；

（6）生产企业→邮政分局所→农村消费者。

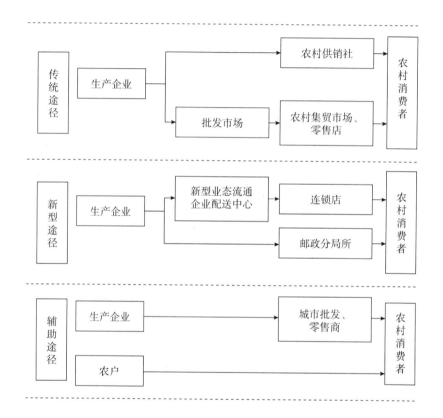

图4-3　农村消费品物流流通体系①

第一、第二种物流流通是农村传统物流流程，农村消费品一般通过这样的渠道流向消费者，但供销社在计划经济后期在农村就开始衰落，在一些地区名存实亡，因此，第二种物流流通实际上在农村长期占主导地位。第三种物流流通发生的概率较小，这是由于交通、收入等原因，农民很少

① 邱丽玲. 我国农村消费品物流体系及运作模式构建研究［D］. 江南大学硕士学位论文，2008.

会到城市消费。第四种物流流通主要是指，农户将自己养殖或种植的农副产品拿到农贸市场直接出售给当地农村消费者的流通过程。比如，农民把自家出产的鸡蛋、生猪等直接在本地销售给当地农村消费者。第三、第四两种物流流通方式是农村消费品物流的辅助途径。第五种物流流通将是未来农村消费品物流的主要方式，城市新型流通业态如大型连锁超市等下乡，通过自己的配送中心给分布在广大农村的连锁分店进行物流配送，最终使商品流向农村消费者。比如，江苏省的苏果超市、湖北仙桃的富迪超市等都在积极地开拓农村市场，进行农村消费品的流通。第六种物流流通是指遍布城乡的中国邮政开展农村物流，在前几年开展农资分销物流的基础上，探索进行有关农村消费品的物流活动。

2. 农村消费品物流的发展概况

1978 年以来我国农村经济的深刻变革，是我国经济全面体制改革高速发展的重要方面。这场变革使中国农村面貌发生了翻天覆地的变化。改革开放前，农村贫困落后，农业发展远远不能满足全国人民的食物需求。1978 年，农民人均收入 50 元以下的生产队占 27%，人均全年纯收入在 50 元以下的绝对贫困人口为 2.5 亿，约占农村人口的 1/3。改革开放以后，农业实行家庭联产承包责任制，农产品产量大幅提高，农业经济效益增长迅速，农村经济结构发生变化，以乡镇企业为代表的非农产业发展迅速，农民的收入水平和消费水平较改革前有很大提高，农村商业有了很大的进步，并发生一定质的变化，即由传统商业逐步向现代商业转换。然而，农村消费品流通状况却并不乐观，城乡差距日益扩大。以农村消费品物流的主体为例，农村商品市场中的运作主体数量多于城市，但多数企业规模较小、布局分散、不均衡，技术力量单薄，处理方式和方法落后，运输方式陈旧，商业网络中的各个环节联结不紧，整体效果和效率不高，资源浪费严重。曾经在农村商品流通体系中起主导作用、充当主商品供销渠道的供销社从计划经济后期开始，经营规模日益萎缩，其中有的名存实亡，或承包给个体户。我国的农村消费市场一直不被关注，农村商品流通状况堪忧。

近几年，由于"三农"问题日益被重视，农村商品流通问题也连续几年在中央一号文件中出现，加快构建农村现代流通体系被提上议事日程。前面论述中也提到，商务部于 2005 年起在全国实施多项涉农工程，"万村千乡"市场工程就是其中的一项。为了加快这项工程的建设，商务部、财政部等承诺对该项目以资金支持。据统计，截至 2006 年底，全国有 2287 家流通企业在 1817 个县市进行试点，累计建设连锁化农家店超过 16 万个，覆盖了全国 63% 的县市。连锁流通企业深入农村开拓农村消费市场，促进了农村消费品物流的研究和发展。与此同时，我国物流业正处于快速发展上升阶段，虽然与发达国家相比尚存在较大差距，但城市物流的发展已经相对成熟，城市消费品物流的运作模式为我国发展农村消费品物流提供了一定的指引思路。

三、农村农产品物流的发展现状

农村农产品物流作为农业产品从农村流向城市的纽带，对我国解决"三农"问题，扩大农村市场需求，保证城市居民生活质量有重大的意义。我国农村农产品物流经过改革开放 40 年后的发展也取得了一定的成效，主要表现在：

（1）农产品物流主体呈现多元化趋势。目前，我国的农产品物流主要经过农户—中间代理商—产地批发商—销地批发商—零售商—消费者这一供应链进行实体流动，实践中形成了以下三种模式：缺乏中间代理环节的纯市场型农产品物流模式、农民合作经济组织参与的合作型农产品物流模式、储运加工企业加盟的龙头牵动型农产品物流模式。

（2）农产品物流运作模式日趋创新。随着我国农产品物流体系的逐步完善，农产品的流通手段也有所更新，不少地方还开通了农产品运输的"绿色通道"，鲜活农产品物流通过连锁经营、配送和网上销售等现代方式来实现。目前，已形成以县城为中心，集镇网络为骨干，联系乡村分散网点并与农产品采购网络结合起来的新型流通格局。农产品零销渠道的不断拓宽和规范化运作，特别是超市等新型农产品销售业态的出现及规模的扩大，带动了农产品物流运作模式的不断创新及其资源整合，并且由此促进了农产品第三方物流的日益形成。

（3）农产品物流量大面广。我国农产品数量之大品种之多，在世界上都是罕见的。这些农产品除农民自用外，大部分要变成商品，形成巨大的农产品物流。农产品所具有的生物学特性，对农产品物流提出了比工业品物流更高的要求。然而，我国农产品物流以常温物流或自然物流为主，未经加工的鲜销产品占了绝大部分，可运输过程中的保鲜、包装、再次加工技术比较落后，而且运输工具不能满足农产品物流的需要，农产品在物流过程中的损耗严重。

四、农村农业生产资料物流的发展现状

农业生产资料物流（以下简称农资物流）是农业生产过程中所必需生产资料的生产、储运、配送、分销和相关活动所形成的物流，涉及种苗、饲料、肥料、地膜、农药、兽药、燃料等农用物资和农机具的生产与物流规划、农业生产资料的使用和市场的信息服务。发展现代农资物流，就是加强对农资物流的管理，从而提高农资商品生产的市场反应速度，降低库存数量，缩短生产周期，提高服务水平，节约物流成本，增加产品销售利润，促进农村经济发展，最大限度地满足社会的需要。

1. 现代农资物流的分类

现代农资物流管理是对农资产业产前、产中、产后过程的科学管理，分为农资供应物流、农资生产物流、农资销售物流、废弃物物流四种。

（1）农资供应物流。以组织农业生产资料的物流为主要内容，主要是指农业生产资料的采购，包括种子、肥料、农药、地膜、农机具以及农资生产需要消费的其他原料、材料、燃料、电力和水利资源等。

（2）农资生产物流。其是指从农作物耕种、管理到收获整个过程所形成的物流。在我国，农资生产物流一部分由农资生产企业运作，绝大多数由个体农户形成。

（3）农资销售物流。以组织农业产品的物流为主要内容，是指由农产品的销售加工行为而产生的一系列物流活动，包括农产品的保鲜、运输、

储存、初深精加工、销售等作业，由经销商的收购、储存、加工、包装、运输、分销等环节组成。

（4）废弃物物流。种植生产的废弃物物流具有不同于一般工业企业废弃物物流的特殊性，表现在以重量计，废弃物物流重量远高于销售物流。

2. 现代农资物流发展中面对的问题

我国农资物流的发展经过了改革开放初以供销社统一组织物流配送的发展模式到个体私营农产品流通中介组织发展配送模式的转变，其间，农资产品的统一物流配送受到很大的冲击，使我国农资物流的发展一直都显示出停滞的发展状态。直到 2005 年中央一号文件中"鼓励邮政系统开展直接为农民生活服务的连锁配送业务"的引导政策使邮政物流进入农资物流领域，并成为这一领域的业务主体，现代农资物流才进入快速发展的通道。在现实的发展过程中，现代农资物流的发展也遇到了各式各样的问题，影响了现代农资物流的发展，主要有以下几点：

（1）中国加入世界贸易组织对农资发展的影响。加入世界贸易组织后，我国农资面临更多的机遇与挑战。机遇暂且不论，挑战体现在某些农产品面临国际市场的冲击。冲击使得我国某些农资产品"卖难"的问题会进一步加重，从而引起价格下跌，市场波动；以新技术、新品种为主的农业生产资料市场的竞争进一步加剧，而对独立拥有的农资知识产权的保护力度不够；由农资产品市场发育不完善、流通渠道不畅引发的矛盾会进一步加深，直接影响一些地区农民收入的增加和生产的积极性，在一定程度上影响我国农产品市场的供求平衡。

（2）重生产轻流通的现象依然存在。我国多数农户的生产经营采用单户经营的形式，很难达到经济规模。目前，我国农业生产资料，如种子、农药、化肥、农用设备的采购及农产品的销售多为分散方式。这种分散采购和销售的方式具有自发的盲目性，很容易导致设施利用率低，生产要素的供应时间长而不稳定，物流成本过高。

（3）农资产品市场机制不完善。全国统一的大市场没有形成，一些农资产品的价格不能依靠市场机制形成，人为抬高物价，造成虚假短缺，而在商品滞销时又退避三舍，造成产品不正常的库存，甚至积压。各种农资物流不标准，不规范，不统一，各物流职能部门难以协调，不能形成一个具有内在联系又有法律约束力的物流大系统，从而降低了物流效益。

（4）信息化体系建设滞后。信息是农资物流的神经系统，从产前、产中到产后的储存、运输、加工及销售，每一个环节都应及时处理物流信息，如此才能应对市场变化。目前，农资信息网络不健全，农户居住分散，沟通渠道不畅，许多信息难以收集、传递，信息化体系建设明显滞后。

第二节　农村现代物流发展对策建议

在了解了现代物流对我国农产品流通体系的作用和我国农村现代物流的发展状况之后，笔者来分析是什么因素制约了我国农村现代物流的发展，并针对我国农村现代物流发展滞后的状况给出一些具体的发展建议。

一、制约我国农村现代物流发展的因素

目前，我国农村物流业尚处于传统物流阶段，要推进我国农村物流由传统物流向现代物流转变，客观上会受到以下几方面的制约：

（1）观念因素。长期以来，一直存在重生产、轻流通，重市场建设、轻市场预测的现象，这在客观上造成农产品流通滞后于生产，农产品生产滞后于市场，最终导致农民生产决策的盲目性，出现什么价高就种什么、种什么什么就难卖的尴尬局面。

（2）制度因素。从20世纪80年代中期开始，国家开始实行多家经营、多渠道流通的措施，形成了现行农村物流制度结构。在这一制度结构下的农村物流表现为：众多主体从事小规模、孤立的物流活动；物流通道的上下游主体之间大多是纯粹的市场交易关系；交易常常是随机的，缺乏

以长期合作为特征的稳定的物流链条。尽管改革以来我国农村物流制度安排发生了一些变化，但是在传统物流体系下，潜在利润的有限性并没能使这种制度发生巨大变化（黄祖辉，2005）。

（3）体制因素。我国现行的财政管理体制使地方保护主义盛行，常常人为设置产销环节的行政壁垒，造成了严重的物流地方分割，由此带来了物流运转效率低、成本高等一系列问题。

（4）基础设施因素。近年来，物流基础设施的投入得到较大改善，但农村物流设施仍显得相当落后，主要表现在道路、运输工具、通信设备、商品储存保管等方面。农业产品在农村十几公里甚至几公里运送所用的时间，要远远长于两个城市之间上千公里的运送时间；由于保管不当，农产品在农民手中浪费的程度，要远远大于其到消费者手中整个运输流通过程浪费的程度；机械化、自动化输送设备的缺少，特别是散粮装运和接卸设备的缺乏使许多进出口粮食得不到及时中转等。

（5）人才因素。人才缺乏是我国农产品物流发展的最大制约因素。物流管理和经营人才的缺乏严重制约着农村物流的科学运作。现代物流是与信息技术的发展和现代物流技术的创新相伴而行的，迫切需要适应时代发展的经营和管理方面的专门人才，而目前这方面人才是最缺的，这直接制约着农村现代物流的发展。

二、对我国发展农村现代物流的相关建议

针对以上所述的我国农产品物流、农村消费品物流和农资物流的发展现状，本书对我国农村物流的发展提出以下相关建议，以应对制约因素，促进农产品流通现代化建设。

1. 农村消费品物流进一步发展的建议

对比农村消费品物流，我国城市消费品物流的发展状况较好，有很多经验可以借鉴。结合我国农村发展消费品物流的背景，笔者认为，发展农村消费品物流尤其要注意以下几点：

（1）引导城市大中型连锁零售企业等新型业态深入农村，成为未来农

村消费品物流运作主体之一。这些企业经过在城市的发展，一般都树立了现代物流观念，有较强的物流意识，并且已经建立自身营销网络和物流中心，能够取代传统而落后的农村集贸市场，能够胜任消费品在农村的物流配送活动，对农村消费品物流的发展起到方向指引的作用。

（2）引导农村现存供销社等商业主体进行改革，规范其物流配送活动。农村大量的供销分社和个体私营零售商店，必须借鉴城市商业企业发展的经验，进行经营模式的改革，采取连锁经营等现代经营方式，规范其物流配送活动。

（3）引导有条件的第三方物流企业参与农村消费品物流运作。改革开放后，我国有大量的传统储运业及批发贸易企业实现了向第三方物流企业的转变。这些企业拥有大量物流设施、先进的物流技术和理念，通过积极参与城市消费品的流通，成为发展城市消费品物流的重要力量。由于农村消费市场发育程度较低，我国目前农村消费品物流体系中，专业的、规模较大的第三方物流企业不多。因此可以引导有条件的第三方物流企业发展农村消费品物流，规范农村物流主体。比如，可以利用中国邮政在农村的优势，发展农村消费品物流。

（4）对农村民间以家庭为单位的传统的小规模运输、仓储、流通加工等小作坊式的企业进行规范和培育，发挥它们灵活机动的优势，使之成为农村消费品物流发展的辅助力量。

2. 农产品物流进一步发展的建议

综合一些相关学者的观点，发展农村农产品物流一般可采取以下策略：

（1）增强现代物流意识，加快人才培训。运用现代物流理念发展农产品物流，是抛弃"小而全，大而全"的自货自运的传统物流经营模式的关键。要充分认识现代物流的作用和意义，树立与社会流通相融合的大流通、大物流的观念，建立符合市场规律与国际接轨的物畅其流、经济合理、用户满意的现代物流服务网络体系；充分认识物流信息化、柔性化、全球化、手段现代化及反应快速化的特点；强化物流的服务意识，以顾客满意为第一理念。同时，应加强现代物流基础理论研究，建立物流人才培养体系。一方面要在高校拓展设置农产品物流管理专业，资助扶持高校和科研机构在物流领域的研究和创新活动；另一方面要支持行业协会举办从业培训，建立物流行业的职业终身教育系统。

（2）加大基础设施投入，改善农产品物流的社会环境。一是要加强农村公路建设，二是要加强农产品储运工具和设备的开发生产，三是要加强棉库、粮库、糖库、保鲜库、冷藏库的建设，增加温控设备和防潮设备。政府在促进农产品流通及基础设施建设中，应发挥积极作用，明确政府的投资主体地位，并在土地、资金、税收等方面提供优惠政策，积极推进农产品流通市场化进程，健全行业法规，加大管理力度，保持适度竞争，为各类市场主体创造良好的竞争环境。

（3）打破条块分割和地区封锁，加快物流市场的培育与发展。政府在根除地方保护主义方面有不可推卸的责任，既要完善现行的财政制度，又要完善市场法规，对违背市场经济运行规则的行为给予严惩。同时，在培育农产品物流市场方面应主要从这两方面入手：一是政府要建立开放、竞争的全国统一市场，打破条块分割和地区封锁；二是要充分发挥各种行业协会等中介组织的协调与自律作用，建立正常的物流市场秩序。

（4）发展专业化的物流服务，加强标准化建设。应将物流业务交给专门的能提供综合服务的物流公司——第三方物流企业。政府在制定物流产业政策的时候，应给予第三方物流极大的关注，实行必要的扶持和政策优惠。同时，为适应国际贸易的要求，增强竞争优势，物流企业、物流行业协会、政府管理部门及研究机构应共同努力来建立我国农产品物流标准，推行和国际接轨的关于物流设施、物流工具的标准。

（5）加强对农产品物流技术的研究开发。农产品物流技术主要包括包装技术、冷冻保鲜技术、增值技术等。一是要研究农产品包装技术。应根据不同产品的特性，不断改进包装，发展农产品包装的标准化、礼品化、系列化。二是要研究农产品冷冻保鲜技术，延长农产品"鲜活"的寿命，减少生鲜农产品的腐坏，规避淡季出售农产品的尴尬。三是要研究农产品物流增值技术，该技术包括农产品分类与分类包装增值服务、农产品适度加工后小包装增值服务、农产品配送增值服务、特种农产品运输增值服务、特种农产品仓储与管理增值服务等，为农产品的增值提供更大的空间。

（6）整合市场主体，多元化发展流通渠道。通过体制创新，改造、培育和壮大农产品现代物流主体，使其在农产品现代物流中发挥重要作用。农产品物流主体可以是以下几类企业：一是国有流通企业，如国有粮食公司、供销社；二是农业公司，即我国农业产业化经营中的龙头企业；三是第三方物流企业；四是农产品物流服务的专业公司；五是农产品物流经纪人队伍。目前，农产品物流公司发展缓慢，政府应出台一些鼓励政策，对原有的农产品流通企业、农产品运销企业、进出口企业以及物流配送企业等进行整合，发展多种所有制成分的、适合现阶段农产品物流运营的企业，从而为构筑多元化的物流模式提供通道。

3. 农资物流进一步发展的建议

同农产品物流市场和农村消费品物流市场不一样，农资物流市场的发展有其自身的特点，同时农资产品的特殊性，对农资物流市场的发展也提出了特殊的要求，促进农资物流市场发展的措施也同以上两个市场有所不同，更强调政府和相关组织的作用。

在我国发展现代农资物流，必须建设符合社会需求和市场规则要求的农资物流体系。总的构想是政府统筹、市场导向、企业运作、环境支撑、行业主管，大力整合现有各类农资资产，充分挖掘资源，科学合理开发利用潜力，加快发展现代农资物流。

（1）建设适合我国基本国情的农资物流市场体系。农资物流市场的开发与现代农资体系的建立，需要政府创造宽松适度的环境，特别需要有利于促进强强联合、资产重组和规模经营的法律、法规和政策体系，保障市场运作逐步走向规范化、法制化、科学化。政府应充分认识创建现代农资物流管理体系的重要性，树立物流体系、公司体系、市场体系和现代农资竞争在供应链之间展开的观念。政府要切实负起责任，依法管理、保护"三农"，研究制定构建农资物流体系的规划方案和实施办法，鼓励农资物流业的发展，规范农资物流的组织行为，将建立农资物流体系作为工作的重点，实现农资生产与市场的紧密对接，形成大生产、大公司、大流通、大市场的一体化运行格局，构建农资信息支撑平台，尽快促进农资物流龙头企业健康快速发展。

（2）发挥行业主管职能，促使企业市场化运作。将农资作为一个完整的基础产业与竞争行业来运营，依据新颁布的《中华人民共和国农业法》《中华人民共和国种子法》《中华人民共和国农村土地承包法》赋予农业行政主管部门权力，统一归口管理、监控农资资金投入、农业土地要素投入和农业投入品、农业产出品、农产品加工制成品，规范调控农资市场运作，发现违规操作及时纠正，发挥农业行业主管部门发展农业、保护"三农"的整体职能作用，切实提升农户的法律地位，视从事农资商品生产的农户为自主经营、自负盈亏、自我约束、自我发展的企业，将农资劳动者（农民）和农村科技人员同国有或民营企事业单位的科技人员、生产劳动者一样看待，全面推进个体农户与农资类大中型企业及国家农资事业机构的联盟与合作。所有农资物流活动与农资供应链的各个链接点（节点）企业（含个体农户），均应面向市场公开、公正、公平运作，以价格、效率、效益和市场信息作为行动的指南。

（3）企业层方面需加快农子产品流通标准化进程，以有效降低物流成本。农资物流的标准化、规范化已成为取得竞争主导地位必不可少的条件。在包装、储存、运输、装卸、搬运等环节，企业要采用国际标准或通用的国家标准，推行与国际接轨的关于物流设施、物流工具的标准，比如托盘、货架、装卸机械、条形码、集装箱等方面的标准，不断改进物流技术，以实现物流活动的合理化。只有推行标准化，物流成本才能有效得到降低。

（4）整合市场主体，多元化发展流通渠道。通过体制创新，改造、培育、壮大专业从事农资产品物流主体，使其在农资产品物流中发挥重要作用，加快原有农资产品流通企业资产的重组改造，改变目前规模小、服务单调和运行封闭的状况。重点加大对农产品批发市场、农产品运销企业、进出口企业、物流配送企业和大型农资连锁超市的扶持力度，以市场为依托，组织农产品运销协会，鼓励"生产基地+农户""加工企业+农户""运销企业+农户""配送中心+农户"等模式的发展，逐步建立现代企业制度，向专业化、规模化和综合化方向迈进。

（5）开拓农村市场，促进农资产业化测算。如果农资质量、价格适合农民需要，每年可大幅度增加农资需求。保持物流顺畅，建立健全市场流通网络，从而使需求和供给的衔接更加紧密，农民、农村需要什么生产资料及时地反馈到市场中，为生产资料经营主体提供真实准确有效的信息，通过适时调整生产品种，运用多种流通渠道保质保量地合理配送到农户手中，进一步扩大农村市场。

（6）提高农产品流通速度，提升农产品价值。农产品本身的价值不高，发展专业的第三方农资物流组织，发掘农产品的内在价值，为农产品提供专业的物流增值服务，根据不同产品的不同要求提供不同的储存条件，并且及时提供供求信息，合理组织配送，使农产品有合理的流向，从多层次全方位地提升农产品价值。要充分运用专业化现代化的运输工具迅速、及时地将货物运往消费地，提高农产品流通速度，降低农产品积压在产地所占据的成本。同时，通过大规模地降低作业成本，减少多次装卸搬运所产生的产品破损，从而有效地降低物流成本。

只有农村消费品物流、农产品物流和农资物流都得到根本性的改变，农村的流通现代化才会拥有坚实的基础，农村物流现代化建设是发展农产品流通的基础。如果农村物流现代化的发展滞后，那么发展连锁经营、电子商务活跃农村消费品市场，发展农产品流通就成了无源之水、无本之木。同时，连锁经营所需的集中采购、门店配送和电子商务所需的电子化配送也都需要物流的支撑。从这个角度来说，农村物流现代化是农产品流通现代化最重要的前提。

第五章　农产品专业批发市场

第一节　农产品专业批发市场概述

专业市场是一种历史悠久的市场形态。西方国家的专业批发市场可以追溯到中世纪。据布罗代尔的研究，早在 13 世纪，欧洲就有小麦市场形成，15~16 世纪前后，葡萄酒、皮革、皮鞋、毛皮等专业市场在欧洲各国先后出现，到 17 世纪，专业市场已是一种可以被普遍观察到的交易形态。

据史料记载，我国唐朝就在边关城市设立集贸市场与少数民族进行交易，这是我国最早的专业批发市场。现阶段的专业批发市场主要起源于农村集镇以及与农村毗邻的县城，它是适应我国农村独特的经济结构的产物。在改革开放初期，农村的流通渠道是集贸市场。它以零售为主，交易量小，经营范围窄，对生产专业化、商品化程度高的乡镇企业与农户来说，这种交易场所显得效率不足，容量不够，不能满足批量交易的需要。改革开放以来，我国的专业市场经历了从小到大、从少到多、从低端到高端的过程，从市场形态来看，市场经历了从集贸到初级批发，再到今天的商厦式市场的发展过程。改革开放 40 多年来，专业市场不断向中高级市场转变，从单体市场到市场集群，再到专业市场园区，成为一个国家或区域重要的流通基础设施及一个区域商业繁荣和经济实力的象征。

一、专业批发市场的概念

所谓专业批发市场，即专业化批发市场，是以现货批发为主、集中交易某一类商品或若干类具有较强互补性和互替性商品的场所，是一种大规模集中交易的做式商的市场制度安排，是一种贸易空间集聚现象。专业市场的交易空间可以是实体的现货交易市场，也可以是无形的虚拟交易市场。专业市场是与综合市场相对而言的按商品分类建立起来的市场，包括农副产品、纺织品服装、食品饮料烟酒、药材药品及医疗器材、家具、小商品等专业市场。

二、农产品专业批发市场

农产品专业批发市场是指专门为农产品批发交易提供交易的场所和条件，并为商品流通提供服务的组织机构。

2004 年 6 月 14 日，国家农业部发布了《农产品批发市场建设与管理指南》，其对农产品批发市场的定义是：经政府主管部门批准，主要进行指定农产品（粮油、蔬菜、瓜果、畜产品、水产品、调味品、花卉、茶叶、种子、饲料等农、牧、渔业产品及其加工品）现货集中批量交易的场所。

1. 农产品批发市场的功能

分析农产品批发市场在国民经济中的功能和作用，可以了解农产品批发市场在中国农产品流通中具有重要的作用。

（1）从流通层面来考察。

1）商品集散功能。批发市场可以在较短的时间内吸引和汇集各地的农产品完成其交易过程，然后再把农产品发到各地。

2）价格形成功能。由于农产品专业批发市场具有较大范围内聚集农产品的功能，所反映的是大范围内的供求关系，因而形成的价格具有权威性。

3）供求调节功能，促进农产品供求的时空平衡功能。较集贸市场而言，农产品批发市场具有较高的稳定性，可以作为供需均衡的纽带和流通的"蓄水池"。

4）信息中心的功能。农产品批发市场的信息具有公开、完整、真实和及时的特点，可起到信息中心的作用。

5）交易结算功能。交易结算功能在于保证成交商品价值的最终实现。

（2）从国民层面来考察。

1）促进农副产品生产。由于农产品批发市场的辐射面大，价格透明度较高，能反映较大范围乃至全国农副产品的市场信息，因此，它可以指导农业生产，有利于农产品生产基地的形成。

2）改善城乡人民生活。农产品批发市场上的经营具有开放性和竞争性，价值规律能充分发挥作用，这有助于缩小工农产品"剪刀差"，增加农民收入。同时，农产品批发市场的建立也满足了城镇居民的消费需求。

3）推动流通体制改革和流通组织的创新。农产品批发市场的建立和发展，可以对旧的流通体制产生巨大冲击，从而推动流通体制的改革和流通组织的创新。

4）提高农民的组织化程度。只有创新农民流通组织，并让这类代表农民整体利益的组织进入市场，参与竞争，才能从根本上保护农民的利益。

2. 农产品批发市场的分类

根据不同的标准，可将我国农产品批发市场划分为多种类型。表5-1分别根据经营范围、所处地域及市场职能对农产品批发市场进行划分，并介绍了各类市场的特点。

表5-1　农产品批发市场的分类

分类标准		特点
经营范围	综合市场	多类农副产品都进入同一市场
	专业市场	进入市场的只是一种或一类商品

续表

分类标准		特点
所处地域	产地市场	位于某些产品的集中产区，主要起外向分解、扩散的作用
	中转市场	主要起连接产地和销地中转站的作用
	销地市场	与消费者最接近的市场
市场职能	服务型市场	主要提供交易场所及配套服务（信息、咨询、生活等）
	经营型市场	除提供交易场所及配套服务外，还经营运输、装卸、储存、冷冻、结算、代销等业务

资料来源：笔者根据相关资料整理。

三、我国农产品批发市场的历史演进

要研究我国农产品批发市场的现状和未来的发展方向，首先就要对其发展历史有清楚的了解。自中华人民共和国成立以来，农产品产销制经历了两次大的变化，即计划经济体制和市场经济体制。具体来说，生产体制经历了由指令性计划向指导性计划，进而由市场机制引导生产的转变，流通体制经历了由计划调拨商品向市场配置资源的转变。我国农产品批发市场的发展大体经历了以下四个阶段：

（1）自发萌芽阶段（1978～1984年）。改革开放初期，政府在构建家庭承包经营责任制的同时，适当地削减购销的品种和数量，逐步放开了农产品集贸市场。政策的实施刺激了农产品集贸市场的恢复。数量有限的专业户和不同地区的价格差异，诱发了农产品贩运和流通，从而诞生了首批非主要的农产品批发市场。从全国整体考察，由于国家政策限制，就市场数目、交易的品种、数量、金额以及价格的放开程度而言，均处于萌芽状态。这一时期的农产品流通体制改革，虽未触动传统的计划经济体制，但为农产品流通体制的市场化改革奠定了基础。

（2）较快发展阶段（1985～1991年）。1985年，农产品流通体制的改革全面启动，国家宣布废止已实施30余年的农产品统派购政策。统购统销方式被合同订购和议价销售所取代，市场调节的种类和规模进一步扩大，形成了农产品流通的"双轨制"。自由产销的新兴批发市场取代国营、合作社商业批发网络而成为主要流通渠道。就市场数目，交易的品种、数量、金额以及价格的放开程度论，除极少数个别产品（如粮食、棉花）外，发展速度都较快，初步形成批发市场的雏形。"双轨制"在一定程度上冲破了传统计划经济体制的基本框架，拉开了农产品流通市场化改革的序幕，并更进一步地为农产品流通体制的市场化奠定了基础。

（3）快速过热发展阶段（1992~1997年）。1992年以来，随着社会主义市场经济体制改革目标的确立，农产品流动体制的市场化改革全面启动。改革的核心是"并轨"。除粮食、棉花等极少数农产品外，其他农产品的购销都基本实现了由市场调节的新体制。在这一阶段，农产品流通体制改革的重点逐步从改革购销方式转向构造市场体系。针对1988年以来我国连续几年出现的通货膨胀，国家提倡实施"菜篮子"工程，很多地方政府出台了"谁投资，谁受益"政策，批发市场尤其是销售地批发市场的建设出现盲目发展的现象。

（4）规范化发展阶段（1998年至今）。1998年前后，少数长期供应紧张的传统农产品由供不应求逐渐变为供求基本平衡，进而供过于求。随着农业劳动生产力的提高，过剩的品种日益增多，最终导致传统农产品全面性的供过于求。由于流通体制未理顺和渠道不畅，农产品过剩激发了地方保护主义，人为的市场封锁和分割，严重阻碍了批发市场的健康发展。为此，国家采取了一系列措施对批发市场进行规范和整顿，促进了批发市场的规范化发展。

第二节　我国农产品批发市场的现状和问题

随着改革开放的深入和市场化进程的不断推进，流通产业迅速从传统的末端产业发展成为国民经济的先导性产业。与此同时，我国需求约束型的市场态势也使农产品批发市场的流通地位在"十五"期间得到前所未有的提升。近几年来，随着工业化、城镇化步伐的加快，农产品商品率不断提高，作为农产品流通枢纽的农产品批发市场又出现了新一轮发展提升高潮。

农产品批发市场作为农产品市场系统的重要枢纽，在我国农产品流通领域发挥着核心作用。随着我国城镇化建设的加快，我国居民的生活水平得到明显提升，但与此同时，我国农产品批发市场的发展速度却不断放缓。如今的农产品批发市场只能提供简单批发零售服务的农产品批发市场，已无法满足居民对高品质生活的需要。因此，在"互联网+"背景下，作为农产品流通的主要环节，农产品批发市场亟须进行转型升级。

一、我国农产品批发市场的发展现状①

在当前"小生产、大流通"的农产品流通体系下，农产品批发市场是连接流通上下游的中间环节。近几年来，随着我国经济增速放缓，我国农产品批发市场出现功能萎缩、地位弱化的现象，其存在交易额下滑、利润下降的困境，我国农产品批发市场发展疲态渐显，面临产业转型升级的挑战。我国农产品批发市场发展现状如下：

（1）成为农产品流通的主渠道。随着我国城市化进程的加快，为了满足居民不断增长的农产品需求，经过多年的发展，我国农批市场基本覆盖全国所有省（区、市）。与中西部地区相比，我国东部地区的农产品批发市场数量最多且规模最大，如在全国交易额在10亿元以上的农产品批发市场中，除了长沙红星农副产品大市场外其余农产品批发市场均集中在我国东部沿海地区。其中，我国山东省农产品批发市场成交额占全国首位，为10.2%。从整体上看，我国农产品批发市场承担着全国超过70%的农产品集散，其贯穿了全国城乡农产品流通的大动脉，极大地促进了我国农产品产销衔接，是我国农产品流通的重要渠道。同时，我国农产品批发市场的

---

① 任为. 我国农产品批发市场转型及现代化发展探讨 [J]. 商业经济研究, 2019 (24)：127-129.

产生也促进了我国农产品流通效率的提升,其进一步扩大了消费,发挥了农产品大规模集散、引导农业生产、形成价格、保障全国农产品供应、优化农业产业结构等重要作用。

(2)平均交易规模大。随着农村农业基础设施不断完善,以及农业生产集中程度的不断提高,我国农业生产率显著提高,现阶段我国农产品批发市场呈现出平均交易规模大的特点。我国农产品批发市场整体规模呈现稳步增长的态势。从我国农产品批发市场数量来看,1986~2018年,我国农产品批发市场数量由893家发展为4700多家。截至2018年,我国农产品批发市场年成交额由1986年的29.36亿元增加至11.21万亿元。当前,我国农产品批发市场正朝大型化、规模化方向前进。同时,随着我国工业化和城镇化进程的不断加快,我国城市消费者数量增多,生产和消费区域进一步集中,这极大地促进了批发市场交易规模的扩大,由此农产品大规模、跨区域流通逐步成为常态,大型的农产品批发市场应运而生,其向现代化、规范化、集团化、企业化方向发展。

(3)专业批发市场涌现。随着我国城市发展和城市功能布局不断优化,消费者对农产品出现了专业化需求,这促使了现有农产品批发市场行业集中度提升,从而形成了一定数量的农产品专业批发市场。

(4)以现货为主、批零兼营为辅。当前,我国农产品批发市场的运行机制主要以现货实物、现金交易为主,其仍处在较为传统单一的状态。我国农产品批发市场的交易模式主要为商家将农产品全部堆放在市场,使消费者在批发市场进行验货购买。这种批发业务交易数量大,往往以大量的现货交易、现金收付完成结算。同时,我国农产品批发市场一般为提高场地综合利用效率,往往存在批发和零售兼营的现象,批发市场中大多数摊位碎小零散,其交易起点较低,消费者可以直接在批发市场购买农产品,虽然这些农产品包装简陋,但是价格更加低廉。

二、我国农产品批发市场转型发展存在的问题

从目前来看,我国农产品批发市场的发展势头是好的,但由于发展时

间不长、起点低，总体水平处于初级阶段，仍存在一些亟须解决的问题：

（1）农产品流通效率低。现阶段，我国农产品流通的中间环节和流通体系复杂，其运输条件落后，且存在信息的不对称性和滞后性。农产品流通存在不可避免的差异，这进一步影响了农产品流通的效率。另外，价值链的主要参与者可以通过流通加工、产品储存、批发零售活动获得较高的收益率，而在生产环节农户获得的投资收益率却相对较低。同时，由于农产品存在易腐性和破坏性，其贮存困难，这就导致了农产品在多层次流通环节损失率的增加，还降低了其流通效率。

（2）经营设施简陋，交易手段落后。绝大多数农产品批发市场的经营服务设施简陋、不配套，尤其缺乏保鲜设施。许多批发市场长期停留在出租铺位的简单物业管理层次上，像个"放大"的集贸市场。目前，大部分批发市场基本以传统的现货、对手交易为主，代理结算还不普遍。实行会员制，竞价拍卖、远期合约交易和期货交易尚处于萌芽阶段。

（3）服务功能单一。规范化的现代批发市场应具有货物集散、价格生成、信息发布、标准化建设、服务引导、产品促销、产业带动七大功能。目前我国农产品批发市场的服务功能仍停留在大集贸市场的初级阶段。虽然引进了诸如运输、银行、保险等服务机构，但并不具备较为完善的配套功能。根本原因还是农业专业化和产业化程度低，达不到规模经济的要求。

（4）市场主体组织化程度低，业务经营存在盲目性。目前，农产品批发市场主体绝大多数是分散的农民，他们经营规模小，经济实力弱，缺乏专门的经营知识，而且大都不具备法人资格，在业务经营上存在严重的自发性和盲目性。

（5）信息网络建设滞后，信息传播渠道不畅。中央和地方对市场信息网络的建设都是比较重视的，其近年来发展也很快，但由于信息网络隶属于不同地方和部门，资源不能共享，远未发挥其应有的作用。作为全国最大的农产品信息网络的农业部信息网存在的明显缺陷有三：一是信息的采集面不广；二是信息的更新不及时；三是信息的传播渠道不畅。

（6）农产品批发市场质量监管不到位。由于农产品作为生鲜产品，其质量检测存在一定的特殊性。当前，我国农产品质量检验主要依靠人工抽检，其缺乏科学高效的检测技术和专业设备，加之市场安全信息网络建设不足，我国农产品批发市场的抽查和检验很容易出现质量监管死角。另外，我国农产品批发市场存在对经销商免租免佣、现金补贴、设卡拦截等恶性竞争的情况，这也是由于农产品市场监管不到位而导致的，造成了当地批发市场交易波动，从而带来了农产品价格上升。同时，虽然我国大多数地区对农产品经销商进入批发市场要求产品产地证明和质量检验合格证明，然而由于质量监管的人力、物力的不足，其监管水平有限，证明文件造假的现象仍然普遍。

第三节　发达国家农产品批发市场发展经验借鉴

对比而言，世界上主要发达国家发展农产品批发市场的模式有三种：北美模式、东亚模式、欧盟模式。像中国一样存在"小市场"和"大流通"的矛盾的主要是欧盟部分地区（如法国）和东亚地区（如日本、韩国）。所以，东亚模式和欧盟模式对中国农产品批发市场的发展有重要作用，本书只介绍这两种模式。

一、世界发达国家农产品专业批发市场发展模式介绍

1. 东亚模式

以日本、韩国为主要代表，这两国农产品分销均以批发市场为主渠道，以拍卖为手段。这些国家的农业生产以小规模分散进行，面临着小生产和大市场流通的矛盾，为解决农产品流通难的问题，满足城市居民的消费需要，形成了独具特色的东亚经验。东亚地区农产品批发市场具有以下特点：

（1）有完善健全的批发市场法律法规作保障。日本的《批发市场法》《日本蔬菜生产上市安定法》《农业协同组织法》等构成了其政策法规体系的主框架。这些法律法规对批发市场的类型、设立条件、参与人构成、交易原则、投资方法、上市商品的规格要求、行情波动、风险控制和商品上市的具体组织都有明确的规定。韩国于1976年通过了《关于农水产品流通及其价格安定的法律》。

（2）批发市场体系层次分明，政府无偿投资。日本已形成中央批发市场、地方批发市场和其他批发市场三个不同层级的发达市场体系，批发市场的建设用地由政府划拨或出资购买，政府投资批发市场的建设。韩国农产品批发市场的规划、布局、投资以及管理，也是全部由政府负责。

（3）行业协会扮演极其重要的角色。日本的农协完全代表生产者的利益进入市场，它们在产地对会员的产品进行集货、分级、加工包装后委托给批发商拍卖。农协在各大批发市场里还设有办事处，负责及时收集、整理市场信息并传递给会员。

（4）强大的结算功能和信息服务功能。日本大型批发市场的结算功能和信息服务功能尤其发达。一般情况下，市场内部有专业结算公司或信用机构，交易额经买卖双方确认后即输入计算机系统，款项通过设在市场内的金融机构转入交易账户。韩国大型农产品批发市场的现代化设施保证了各种市场功能的有效发挥，包括公正的价格形成和交易信息的及时传输。电脑和荧光屏等现代信息传输设施，可及时将市场拍卖价格向全国所有的竞争者公开，全国各地的农业生产者和商人可以通过PC通信、传真电话、自动应答电话及时了解每天的交易行情。

（5）成熟的拍卖业务。日本农批市场的拍卖业务通过集货、受货、出售、分货、结算、收付款、信息传递等环节来完成整个交易过程。①集货：集货业者根据农林水产省要求和市场行情，在晚8时至次日凌晨4时将蔬菜、水果运送到批发市场。②受货：批发商接受集货业者的委托，对进货情况进行核对，登记输入计算机并进行抽样质检，这项工作在凌晨5时前结束。③出售：用拍卖或投标的形式出售商品，拍卖活动于凌晨5时始，7 时结束，同时形成交易价格。④分货：根据拍卖的登记表，由批发商迅速分配货物。⑤结算：上午 8 时左右将买卖成交情况输入计算机进行运算，8：30 左右将运算结果告知委托人。⑥收付款：在商品成交 3 天后，买卖各方收付货款。⑦信息传递：上午 9 时发布市场行情，指导生产与流通。

2. 欧盟模式

法国、德国、英国、意大利、荷兰等国是主要代表。这些国家的批发市场具有以下主要特点：

（1）单体市场规模大。西欧国家由于国土面积较小，交易市场数量不多，但规模一般很大，并集中在大、中城市。法国伦吉斯市场占地面积 3500 亩（232 万平方米），年成交各类食用农产品 170 余万吨，营业额 65 亿欧元。荷兰阿斯米尔花卉拍卖市场占地面积达 71.5 万平方米，全年成交鲜花 35 亿支，植物盆花 3.7 亿盆。英国伦敦中央市场仅一个交易大棚就达 3 万平方米。

（2）配套服务功能十分完善。法国伦吉斯市场，除正常的贸易成交外，还为农产品的储藏、加工、运输提供后勤保障，其完善的冷链系统被称为世界上最大的冷链。另外，市场清运中心可以每天 24 小时为易腐产品提供清运服务；市场建有年处理废弃物能力达 14 万吨的焚化厂；配有一家 4.5 万平方米的供暖设施；有运输机构 155 家，银行信用保险机构 45 家，饭店 48 家，政府及社会有关部门如公安、海关、消防、铁路、邮局等机构进驻场内，提供现场服务。整个市场就像一座小城市，各种服务设施和机构应有尽有。荷兰花卉拍卖市场实现了交易、海关报关、航空运输的一条龙服务，鲜花可以保证在 24 小时内运到世界各地。

（3）以荷兰、比利时为代表的全国联合拍卖。各大批发市场通过计算机和特定的通信线路进行全国统一联网。每个批发市场内都设有多个"荷兰钟"拍卖系统，同时显示不同拍卖市场的货物价格，这样买主就可以在一个市场内竞价购买全国市场上的农产品。这种全国拍卖市场网络的形成极大地节约了交易费用与交易时间，有利于全国农产品的供求平衡。两国的批发市场之所以能够实行全国统一拍卖，主要是对进入批发市场的农产品实行全国统一的质量和规格标准。

二、对发达国家农产品专业批发市场发展经验的借鉴

国际发达农产品批发市场体系经过多年的发展已臻于成熟，前述两种不同模式的发展经验可为我国农产品批发市场的进一步发展提供有益的借鉴，具体包括：

1. 推动批发市场规模化经营

从发达国家来看，每个大城市都有 1~2 个规模很大的市场，其经营内容比较完善，体现的是规模经济。农产品批发市场是农产品流通的中心环节，它以大量交易为主要特征。其贸易额越大，所发挥的辐射范围也就越广，因而具有明显的规模效应。具体来说，其规模效应体现在以下几个方面：第一，降低了买卖双方的市场交易成本；第二，促进了农产品社会化大流通的发展；第三，促进了农业资源的优化配置；第四，促进了农产品流通经营风险的化解；第五，促进了农产品基础价格的形成；第六，为政府调控农产品流通提供了最佳切入点。

农产品批发市场规模化经营实际上就是扩大单体市场的辐射范围，增加批发市场交易量和提高农产品在批发市场上的经由率。批发市场的交易规模不仅取决于市场自身的物质条件和经营管理水平，而且取决于市场所处的特定地理位置、交通条件、市场周围的人口密度、消费水平、居民生活方式、外来购买力和市场之间的竞争等因素。

2. 完善批发市场的服务功能

批发市场的提供方应该在商品流通方面提供完备的服务，不但要为买卖双方提供好的交易场所，而且还应该为买卖双方提供相关的服务设施和服务项目。从发达国家来看，无论是伦吉斯市场还是荷兰阿斯米尔花卉市场，其市场功能都非常齐全，充分考虑到上、下家客户以及政府和社会公众等各方经营和生活的需要，并在延伸服务上大做文章，方便客户，有效地促进生产和流通。我国目前的很多市场仅仅只是集中的交易场所，发展

水平较高的才配有一定仓容，供客商存放货物周转用。此外，虽有一些批发市场引进少量必需的服务机构，如银行、运输公司等，提供金融、运输服务，但亦多由客商自行办理，这也成为影响我国批发市场做大、做强的关键因素之一，因此需要完善我国农产品批发市场的服务功能。

3. 培育市场主体，发展大型中介组织

发达国家的经验表明，大力发展代表农产品生产者利益的合作组织是批发市场制度完善的可靠保证。日本的农协、欧盟的销售合作社都在组织农产品集中进入批发市场的环节中发挥了重要作用。"买"和"卖"或"供"和"需"是农产品市场体系中永恒的动力线，其中的市场中介组织是连接点。目前，我国农产品批发市场上缺乏代表农民整体利益的中介组织，入场交易的卖方多为农户自主形成的联合体，这样的联合体缺乏组织，谈判地位低。这主要是因为农民分散从事农业生产，处在农产品流通中的起点，为农产品物流提供商品源，很少与购买方建立稳定的供销关系、签订购销契约，从而使形成的真正利益共同体少之又少。同时，农民作为交易一方，数量大大超过了中间商业组织，不可能充分掌握整个农产品流通市场的信息，对当地市场供求信息的了解也是集中在过去和当前，不可能对价格的走势有明确的判断，从而削弱了自身讨价还价的能力，往往只能被动接受运销商提出的价格，甚至看着利润消失，使农产品流通中的风险大多转嫁到自己身上。另外，农民一家一户参与市场流通，也增加了流通和交易费用。

4. 市场企业化，投资管理主体多元化

发达国家的批发市场组织存在多种类型，包括"私人合伙型""社会团体型""政府参与型"等，既有公益性的组织，也有企业化经营的组织。结合我国的实际情况，按照市场经济的要求和政府职能转变的需要，今后政府将不应再直接开办农产品批发市场，应鼓励采取股份制的形式开办农批市场。这是因为：第一，市场一次性投入大，回报周期长，完全由政府投资无法适应迅速增长的农产品流通形势；第二，政府作为大股东，可确保市场组织按照政府制定的"菜篮子"规划，有效地响应和实施宏观调控；第三，有利于政企分开，打破长期以来"政府既办市场，又管市场"的局面，实现市场管办脱钩、政企分开，促进市场经营管理专业化的发展；第四，有利于批发市场建立现代化的管理制度，形成合理的法人治理结构及有效的激励和约束机制，从而提高市场服务质量。

5. 稳步发展拍卖交易方式

拍卖交易方式作为以公开竞价的形式将特定物品或者财产权利转让给最高应价者的买卖方式，是目前国际上规范批发市场价格形成机制的较为普遍运用的方式。在我国以对手交易方式为主的价格形成机制仍然占主导地位，相对而言，拍卖交易方式的优势主要体现在以下两个方面：

（1）可以有效降低交易费用。农产品具有鲜活易腐、易耗、不易久存的特点，而且不易分类，价格不易确定。传统的"一对一"对手交易透明度不高，各批发市场之间处于相互独立状态，交易主体对农产品的价格缺乏足够的信息，因此需要支付高昂的信息成本，难以有效地降低交易主体之间的信息不对称和交易费用；采用拍卖交易方式，通过买方对同一批产品实行集中竞价交易，能在短时间内形成基本反映市场供求关系的有效价格，最大限度地保证价格产生过程的公开、公平、公正。交易者不仅可以减少对商品质量、数量等信息的搜寻成本和省去反复谈判、讨价还价的时间，而且还可以实现产品的最大价值，因而最终可以有效地降低农产品交易的费用。

（2）可以有效提高农产品交易效率。传统的对手交易方式下的交易分散，无法通过交易次数的集约化和商品储存的集中化来实现规模经济并提高交易效率，同时对交易双方的约束软化，不利于市场竞争和培育市场主体，从而损害了交易的效率；由于拍卖交易具有快速批量进行的特征，能够有效地提高效率。在高度商品化的拍卖制下，拍卖市场每天都会将当天的拍卖信息反馈到生产者和经营者手中，以便于生产者根据拍卖信息调整自己的产品结构、生产规模及上市时间，从而在一定程度上解决小生产与大流通的矛盾，更好地发挥批发市场调节供求、优化资源配置的经济功能。

三、我国农产品批发市场发展的目标形态

我国未来农产品批发市场形态的演变将分化为两个层次，这是由我国农产品批发市场发展水平参差不齐所决定的。第一个层次是从传统的农产品批发市场发展为农产品产销集散中心，这是我国目前绝大多数批发市场的发展趋势；第二个层次是由农产品产销集散中心发展成为农产品物流配送中心，目前少数龙头企业正在进行有益尝试。

1. 产销集散中心

产销集散中心是指农产品批发市场作为大批量农产品集中交易的有形市场，通过协商、代理、拍卖等交易方式，实现农产品大量、快速成交，形成公开、合理的价格，并通过对市场交易信息、供求信息、价格信息等数据的收集、整理和发布，成为指导生产和调控市场的信息中心。产销集散中心至少应具有几个基本特征：全面实行批发交易，零售与批发相分离；经由批发市场流通的农产品占当地农产品流通的份额大；交易方式不只限于对手交易，交易方式和手段多样化；实行统一电子结算，现金结算逐渐退出市场；拥有先进的信息收集、处理和管理系统；具有先进的检验检测设备，能够确保入场交易农产品的质量安全。产销集散中心相对于现有的批发市场而言，就基本功能来看并无两样，但它具有更齐全的流通设施、更合理的交易流程和更强大的信息功能，这些都是通过对现有市场的升级改造实现的。可以说，产销集散中心是现有农产品批发市场的自然延伸，将成为我国现阶段大多数市场发展的方向。

2. 农产品物流配送中心

农产品物流配送中心是指农产品批发市场由集中现货交易场所转变为以农产品物流配送为主营业务的物流企业，可以自营物流，也可以与第四方物流联合开展配送业务，从而实现批发市场农产品流通模式的转型。批发市场以满足客户需求、为顾客创造价值的目标与现代物流的理念是一致的。现代物流运用系统的理念，优化运输、仓储、包装、配送等环节的资源配置，达到降低成本、提高效益的目的。在现代市场经济条件下，批发

市场与现代物流进行有效整合是生存和发展的需要。作为物流配送中心的农产品批发市场将实现商流与物流的分离，从而改变以往批发市场人车嘈杂、拥挤无序的交易状态，将以明确合理的功能分区和高效快捷的物流作业程序实现农产品快速分销。另外，农产品批发市场升级改造为物流配送中心，将一改以往摊位制的经营模式，更有利于批发市场企业通过收购、兼并、重组等资本运营手段，优化资源配置，实现规模化经营，形成以大型批发集团为核心的物流供应链，从而增强批发市场整体竞争力。

四、对我国农产品专业批发市场发展的若干建议

了解了我国批发市场未来的发展趋势，本部分将对我国农产品批发市场未来的发展提出若干建议。

1. 注意经营规模化

农产品批发市场是为农产品交易活动提供服务，并通过对交易活动的服务取得利润。农产品批发市场的交易量越大，其所获得的各种收入也就越高，同时又降低交易双方的流通费用。因此，农产品批发市场具有明显的规模经济性。尽快达到适当的规模就成了农产品批发市场能否健康发展的重要因素。

2. 业务上要延伸经营服务价值链，拓展内涵和外延

批发市场是实现农业生产与市场对接的有效组织形式，特别是企业化经营的批发市场可以成为农产品产销一体化的龙头：一方面向生产领域延伸，与农户、生产基地、加工企业一起将储藏、保鲜、运输等环节连为一体，实现前向流通一体化；另一方面向消费领域延伸，将批发、拍卖、零售、直销、运送等环节连为一体，实行后向流通一体化。通过带动前后向关联企业的发展，实现规模扩张，这是批发市场企业化经营的必由之路。深圳布吉农产品批发市场就是通过这一经营方式，从而连续 12 年交易量位居全国之首。因此，批发市场应不失时机地全方位拓展自身的业务，具体应包括：

（1）通过与农民联合兴办商品基地，发展"订单农业"，稳定掌握符合市场需求的优质农产品货源。也可通过土地流转途径，以租赁方式经营农场或者发展种植与养殖实业，以实现其经营的规模经济性和范围经济性。

（2）建立农副产品配送中心，与大型连锁超市、仓储式商场和便利店等现代商业业态联合配送商品。批发市场也可自己发展连锁超市，以扩大商品流通规模，减少流通环节，降低流通成本。

3. 市场经营主体上着重培育大型中介组织

借鉴国际发达国家经验，培育和塑造成熟的市场主体是充分发挥市场机制作用的关键，因此，培育真正代表农民利益的大型农民合作组织应成为我国农产品批发市场组织建设的重点。具体举措应包括：

（1）发展市场中介组织，提高农户参与流通的组织化程度。重点发展属于农民自己的能真正代表和保护农民利益并为农户提供全方位优质服务的流通组织（如农产品联合销售社、农民协会等），让其参与市场竞争。

（2）构建农产品经纪人制度。政府要在政治上鼓励、政策上扶持、资金上优惠，加强农产品经纪人队伍建设。

（3）进一步深化与"三农"有密切联系的农村供销合作社体制改革，加快其产权制度的改革和经营机制的转变，使其成为自主经营、自负盈亏、产权明晰的企业实体，增强其与农民利益的联系程度，使其在农产品流通中真正成为代表农民进入市场的代理人，发挥其为"三农"服务的中介、桥梁作用，并壮大自己的经济实力。

4. 价格发现手段上积极稳妥推进拍卖交易方式

一般地，交易费用的多少是选择交易方式的决定性因素。提高交易效率、降低交易费用是每个交易主体追求的目标，也是我们比较交易方式优劣的基本依据。

采用拍卖交易可降低交易成本，能对形成市场价格机制、稳定市场产生积极影响，应成为我国农产品批发市场交易方式发展的方向。我国的许多企业已经在这方面做了有益的探索，如深圳福田农产品拍卖市场、云南斗南花卉市场等。但是，由于目前规范的农产品批发市场交易品种范围过窄、社会参与度较低，自发的农产品批发市场向规范的农产品批发市场演进需要一定的时间，因而我国农产品拍卖交易并没有得到充分发展。要在我国批发市场中有效地引入并稳妥地推进拍卖交易机制，必须重点做好如下几项工作：

（1）加快拍卖交易的硬件建设。为了保证交易效率，需要具有一定规模的交易大厅，成熟稳定的电子化交易系统，以及其他的设备如仓库、冷藏库等，这对我国农产品批发市场建设提出了很高的资金要求，而且一旦拍卖交易不能达到一定的规模，这些专用性投资就会变成沉淀成本。因此，要在一些交易规模大、辐射面广、效益好的批发市场逐步引入拍卖交易机制。

（2）规范拍卖交易程序。拍卖交易制度，包括交易流程、交易结算、交易仲裁、保证金制度、商品检验、物流组织以及其他配套制度，为农产品拍卖交易提供制度基础。农产品拍卖一般包括集货—理货—拍卖—交割等程序，并要在批发市场组织内部培养两三个合格的批发商，代理农民承担农产品的拍卖业务，在农产品拍卖前，要对农产品进行质量分级、整理、加工和统一规范化包装。

（3）逐步引进二级密封拍卖交易方式。目前，我国拍卖大多数实行一级密封拍卖方式（最高密封拍卖），它是指一种密封投标拍卖，各竞买者通过规定程序递交报价，其中最高竞买者以等于最高价全额投标的价格买下拍卖物。而二级密封拍卖是指一种物品或资源以密封投标方式进行拍卖，其中最高价竞买者获得拍卖物，却只需支付第二竞买价的金额。二级密封拍卖能诱使竞买者吐露他愿意支付的真实价格。因为，如果一个竞买者出价高于自己真实愿意支付的报价，他就得冒着其他人也如此行事的风险，结果极有可能不得不以某种损失为代价买下拍卖物；相反地，如果他的出价低于自己愿意支付的价格，那他就得冒着其他人以低于他自己真实愿意支付的价格而又高于他的报价夺走此物品的风险。可见，二级密封拍卖机制兼顾了委托人与竞买者的利益，使竞买者的行为趋向于委托人期望的结果，使成交更趋于公平。

（4）完善货款结算和信息机能的强化，实现"四流"顺畅。信息流、物流、商流和资金流是不可分割的有机统一体。农产品批发市场上及时准确、全面的信息发布，是引导农产品大批量迅速集散的基础，而完备、安全的结账、转账等金融服务体系，又有力地保障了物流的顺畅，因此，完善批发市场组织内部的综合服务功能，是引入拍卖交易的基础。

5. 专业市场营销上注重丰富市场交易品种，实现团体客户"一站式"采购

改变以往市场中产品品种单一或仅限于部分品种的局面，通过丰富交易品种向大型团体客户提供"一站式"采购服务，可以有效提升农产品批发市场的交易规模。

具体操作中，也应以顾客需求为导向，建立专职的大客户导购服务部门，引导大客户与经营各品类产品的多个经销商成功快速地完成交易，以方便顾客采购。

6. 农产品跨地域流通上注重外部环境的改善

实现规模经营，不仅要完善批发市场的内部机制，而且要改善其外部环境。区域分工和专业化生产是促进农产品跨区域流通的基础，企业要按照区域比较优势的原则，建立专业化的生产基地，并以此为基础，建立产地批发市场。长期以来，地方保护主义及区域市场分割所带来的省际间"关税壁垒"仍然阻碍着农产品的跨区域流通，政府应按照建立全国统一开放、健康有序的市场体系的基本要求，既要切实加强整顿和规范市场秩序，完善市场制度和市场信用度，又加强基础设施建设，解决交通瓶颈，减少运输成本。

总体而言，我国现代农产品批发市场应按照"政府主导、企业投资、市场化运作"的开发模式，秉承"高起点、高标准、高要求"的投资理念，在项目建设上摒弃传统农产品批发市场落后的交易和管理模式，结合现代农产品物流发展要求，着重培育和创新性发展加工配送业务，引

入标准化建设、电子化结算、网上交易、可追溯安全体系和信息化体系等先进技术，对现有其他传统农产品批发市场的功能进行补充，完善和发展现有农产品物流链条，弥补原有物流链的功能缺失，满足城市化发展需要。

第六章　农产品流通组织

第一节　农村合作社组织

农产品流通领域的经济合作组织在农产品流通现代化中起着至关重要的作用。

一、合作社组织的定义

1995 年 9 月，在曼彻斯特举行的"国际合作社联盟 100 周年代表大会"上通过的"关于合作社特征的宣言"对合作社组织下了定义，指出：合作社是人们自愿联合、通过联合所有和民主控制的企业来满足他们共同的经济和社会需要的自治组织。

这是一个简单的表述，但是涵盖了各个领域、多种形式的合作社组织，强调了合作社组织的很多特点。

（1）合作社是自助组织，应该尽可能地独立于政府部门和私营企业。

（2）合作社是"人的联合"。"人"既可以是单个的"自然人"也可以是组织"法人"。一般地，基层合作社仅允许单个的"自然人"加入。但是联合社允许"法人"加入。时间上，联合社的社员通常就是低一级的"法人"，具体选择哪一种形式一般由社员决定。

（3）人的联合是"自愿"的。合作社员不能被强迫，社员有加入和退出的自由。

（4）合作社"满足共同的经济和社会需要"，这一规定强调了合作社是由社员组织起来的，并着眼于社员。为社员服务是合作社存在的最基本目的。

（5）合作社是一个"联合所有和民主控制的企业"，这表明了以下几点：

1）合作社是企业，是组织起来的实体。

2）合作社为社员"联合所有"说明合作社的实质是社员按份共有和共同共有的结合。

3）现代合作社在管理上的现代企业特征是"民主控制"。在合作社里，社员"民主控制"集中体现在：社员代表大会讨论并平等投票，以反映不同的利益、决定合作社的方针和重大事项，选举合作社理事会、监事会，并将合作社组织的控制权、监督权分别委托给理事会、监事会等。

总结起来，以上对合作社的定义主要说明：合作社是一种企业组织，其制度特征是让人们资源联合、联合所有和民主控制，其经营的主要目的是满足成员共同的经济和社会需要。

二、发展农村新型合作社组织的必要性

在"三农"问题突出、家庭联产承包责任制渐显缺陷、中国加入世界贸易组织后农业面临巨大挑战的情况下，发展农村新型合作社是非常必要的。

1. 弥补了家庭联产承包责任制的不足

从国内外的实践看，农业经营宜以家庭为单位，改革开放以来形成的家庭承包责任制有其不可替代的地位，必须长期坚持。但随着生产力的提高，这一经营体制也暴露出一些缺陷：

（1）农户的土地数量小，又比较分散，无法采取大规模灌溉、农药喷洒、联合收割等现代技术，从而阻碍了农业现代化的发展；

（2）农资供应、农产品销售、先进技术和良种推广等农业产前、产

中、产后服务不能有效提供；

（3）农村道路建设、农田水利建设等公共事业长期无力实施。农村双层经营体制"分易统难"的事实使我们不得不思考、检讨这一体制的缺陷。在广大农村地区，由于行政体制的缺陷和农业政策的问题，集体可控制的资源越来越少。而国家交给集体的任务越来越难以完成（如征税、计划生育、完成粮棉任务），不少稍有能力的村干部辞职下海，农村集体的力量不断削弱。农村税费改革和相配套的乡镇机构改革，在减轻农民负担的同时，实际上又进一步削弱了农村集体的力量。

从目前情况看，农村新型合作社恰是坚持家庭联产承包责任制基础上的新集体经济组织形式和经营方式，它弥补了家庭联产承包责任制的不足，很好地解决了上述农业农村中存在的统筹服务问题，是实现农业"第二次飞跃"的有效手段。

2. 它是实现农业一体化的有效途径

考察西方国家的农业一体化，几乎无一例外采取了合作社的形式。这些国家通过发展形式多样的合作社为农业产前、产中、产后提供一条龙服务，建立起了农业综合服务体系，极大地改善了农业发展的环境，提高了农业专业化的水平，推动了农业现代化。这在日本尤其明显，日本的农协组织是日本农业一体化的重要推进机构。

3. 它可以提高农民组织化程度

目前，中国农民组织化程度较低是有目共睹的。这不仅影响农民收入的提高，而且容易使农民的各种不满不断积压，长此以往，影响农村稳定。农民由于分散经营，一方面在市场竞争中往往处于不利地位，受到农产品收购商和生产资料供应商的两头剥削，又无法分享农产品加工、运输等过程中产生的附加值；另一方面他们的意愿往往被忽视，缺乏一个正当传达自己声音的渠道，这一问题如果长期得不到解决，不仅影响农村经济的发展，而且容易影响社会稳定。假如组织了新型合作社，农民可以借此提高同厂商议价的地位，并分享农产品的部分附加值，维护农民的经济利益。同时通过农村新型合作社参与政府的农村政策的制定，以维护自身的合法利益。政府也可以借此支持、调控农村经济。

4. 可以有效提高我国农业的国际竞争力

中国农业如何应对中国加入世界贸易组织之后的挑战，专家学者提出了很多建议，其中不少都提到了合作社。大家认为，合作化在实现农业规模化经营、标准化生产、一体化产供销，以民间团体身份参加国际贸易摩擦谈判等方面有不可替代的作用，合作社组织可以有效提高我国农业的国际竞争力。

5. 营造民间自治组织和农村微观经营主体，减轻政府的压力

目前，国外公共管理的新趋势是"小政府、大社会"：积极培育非政府组织并充分利用这些组织参与政府管理，以削减政府管理成本，提高管理效率。我国现行政治体制短期内难以实现这一点，但可以有意识地向这一方向努力。

当代中国的农村合作社组织有供销合作社、农村信用合作社、农村合作基金会和农村社区合作经济组织，这一类传统的经济合作组织因为历史和体制的原因在 20 世纪下半期都遭遇了很多经营上的困难，但是它们也遗留下较为健全的组织机构和运营网络，是农产品流通体系的重要组成，将其改造成新兴合作经济组织是农产品流通现代化推进的重要举措。

第二节　我国农村新型经济合作组织

从发达国家合作社发展的历史来看，合作经济是一种有着悠久生命力的经济组织。农产品流通领域的合作组织也应当是一种非常活跃的经济组织。中国传统经济合作组织无论是供销合作社还是农村信用合作社的发展状况都不尽如人意，最重要的原因是在发展的过程中，中国传统的经济合作组织逐渐偏离了合作组织的方向，已经不再是合作组织的性质了。如农村信用合作社在成立之初就不是纯粹意义上的合作组织，后来又划归国有

商业银行管理，行政化的趋向明显，但无论是供销社还是农村信用合作社回归"三农"和合作组织初衷的举措都表现出了很好的效果。由此看来，中国传统经济合作组织最可能的出路就是转型成农村新型合作组织，重拾合作组织的基本性质。这样一方面可以改变农产品流通经济合作组织不能履行其为人民服务的职能，将原有传统农村经济合作组织的各方面资源调动起来；另一方面可以厘清农村传统经济合作组织服务复杂的产权关系，建立起新型合作组织管理制度，使之走上良性的循环发展之路，清除历史包袱和财政包袱，繁荣农村农产品分销市场，稳定农村金融。

一、政府在农产品流通组织中的作用

中国是大政府国家，在中国农村合作组织改革和新型农村经济合作组织的发展中，政府的作用至关重要。

1. 对农村经济合作组织的法律制度供给方面

目前，西方发达国家和不少发展中国家都有合作社法，而我国自 20 世纪 80 年代中期就有不少专家学者提议制定，但至今迟迟没有出台。合作社是独特的企业，它在组织管理和税收、信贷上需要特殊的对待，并非《宪法》和《农业法》中的几句话就可以确认其地位了。现在中国合作社组织的发展受限很大一部分原因是因为没有发展的法律依据。

2. 农民文化教育方面

新型合作社的长久发展需要合作精神和合作文化的支撑。没有文化支撑的农村新型合作社是没有生命力的。列宁早在 1924 年的《论合作制》中就指出，"没有整个的文化革命，要完全合作化是不可能的"。西方发达国家很重视对合作社教育，不仅各级合作社有自己的培训中心，国家也出资兴办了合作教育学院，在大学里都有专门的合作经济系。印度的合作发展局直接参与对合作社领导的培训。中国农民相对落后的文化素质制约了农村经济的发展，同样也妨碍了传统合作社的改革和新型合作社在各地的推广。在国民的文化教育和合作教育上，政府负有不可推卸的责任。

3. 公共基础设施建设方面

在发达国家，社区公共基础设施基本是由地方政府提供。美国政府还通过支持发展电气化合作社为农村提供全面的电气化服务，使农村的基础设施得到极大改善，农村面貌得到很大改观。日本、印度和德国的政府对农田水利、土壤改良、乡村道路等方面投入很大的财力，为农村合作社的发展奠定了良好的基础。我国的农村水利和交通等公共设施建设曾在新中国成立后的农业合作化运动中取得很大成就，但实行家庭联产承包责任制以来，这方面一直没有大的进展。在农村双层经营体制中"统"的功能不断弱化的情况下，政府应该承担起这方面的责任。

4. 农业信贷保险方面

鉴于农业在市场竞争中的弱质地位及其在国民经济中的不可动摇的基础地位，欧美等发达国家的政府都对农业进行财政、信贷上的支持，并为农业提供一定的风险保障。世界上最强大的资本主义国家——美国的农业产值不足国内生产总值的4%，但美国政府长期以来一直不遗余力地支持农业，为农业提供信贷支持和风险保障。我国虽有支农信贷，但数量有限，落实不力；在农业风险保障方面基本是一片空白，而农村信用合作社的改革不力，其与合作社性质相关的业务也大大弱化，几乎造成了农村金融的空洞化。对于资本金分散的农村而言，缺乏有效的支农金融业务不仅影响农村信用合作社的发展，还使其他的农村经济合作组织的发展缺少必要资金，影响十分深远。

5. 规范监管方面

为保证进入市场的合作社的质量，国外对成立合作社都有一定条件的要求，如人数、股金数量等。在成立之后，还要经常对其财务、民主管理等进行监管。例如，德国实行强制审计制度，每个合作社在成立之初，必须确定接受哪个审计组织的监管，合作社成立后，该审计组织会定期对其财务进行审计，不合格者要停业整顿。我国目前的情况是，国家没有一个明确的监管部门，各地政府要么不重视发展，要么片面追求数量与规模，不求质量，更谈不上监管，这导致我国合作社组织很容易走向极端，要么成为纯粹的商业性质的企业，要么全力向行政机关靠拢，但无论哪一种情况，都失去了农村合作社组织为农服务的原意，改变了合作社组织的性质，这也是我国新型合作社组织发展一直不尽如人意的主要原因。

二、我国农村经济合作组织发展的建议

新的形势下，无论是传统合作社组织向新型合作社组织的改革，还是新生的新型合作社组织的发展，都离不开国家政府的规范和支持。综合以上的内容，笔者认为在中国发展新型合作社组织，应从以下几方面着手：

（1）国家要端正对农村新型合作社的态度，要将其置于解决"三农"难题及在新的历史条件下巩固和发展农村经济、社会主义公有制经济的高度加以重视。

（2）必须按照民办、民管、民受益的原则办合作社，绝不能扭曲其性质，否则后患无穷。中国传统合作社组织因为特殊原因，偏离了这个原则，合作社改革要纠正这个问题，以充分发挥传统合作社组织对农村发展、农民服务的重要作用。

（3）政府应该为合作社创造良好的外部发展环境，既包括直接的法律制度保障、财政和信贷支持、税收优惠等，也包括提高农民教育文化水平、民主意识，建立公共基础设施、农业保险和农村社会保障制度等间接方式。

（4）从长远来看，政府对合作社的支持应采取经济的、法律的间接手段，不宜采取直接行政干预。但在目前我国农村经济文化落后，农民民主法制意识不强的情况下，政府的适度干预是必要的，在合作社走上正常的发展轨道后，政府应该坚决地退出，这方面一定要吸取之前供销社发展中的教训，将保障农村经济合作组织的独立性放在重要的位置。

（5）发展农业合作社的关键要素是资金、技术和人才。目前，中国农村在这三方面是高度稀缺的。政府应该从这三方面着手，想方设法为农民排忧解难。

（6）要加大合作社的宣传力度，加大对农民及相关负责人的教育和培

训。合作社本身是一个舶来品，对于广大中国群众来说还是比较陌生的，加上中国农民文化教育水平较低，如果不对他们进行宣传教育，很难得到他们的认可，更谈不上让他们积极参与。而且，合作社是一种独特的企业，其组织和管理需要一定的技能水平，所以对合作社领导人的培训是非常必要的。

（7）政府对合作社的支持应该坚持有利、有节的原则。有利，即政府对农村新型合作社的支持应该有利于而不是妨碍它的健康发展。有节，即政府对农村新型合作社的支持要有"度"，既不能不管不问，听之任之，也不能过度干预，影响其独立自主开展业务。

农村经济合作组织的发展对农产品流通的发展有很大的制约作用，今日中国农产品流通的落后现状和农村经济合作组织发展的滞后密切相关。总结发达国家流通业的发展经验，发现发达国家的农产品流通产业背后必然有发达的农村经济合作组织（如日本的农协）。所以，中国农村经济合作组织的发展对农产品流通现代化作用重大，尽快恢复中国传统经济合作组织的功能和发展新型农村经济合作组织，是促进农产品流通发展的重要举措。

第三节　农业中介组织

一、中介和中介组织的概念界定

"中介"原本是哲学概念，而且主要是指辩证思维概念。它最早源于黑格尔哲学，是指从"绝对理念"过渡到对方的桥梁，是彼此联系的中间环节，表示不同范畴的间接联系和对立范畴之间的一种相互关系。中介是一种中间环节或中间阶段，其运作方式是"过渡"，具有动态的性质。中介组织是中介在组织形态上的表现形式，因而具有中介的共同本质，即

"过渡"和"动态"性。在制度经济学家看来，中介组织既可指一项制度安排，又可指一种组织集团或行动集团。因此，笔者认为，中介组织就是介于生产与生产、生产与消费之间或组织与组织之间的一项制度安排或行动集团，是中介在组织上的一种表现形式，其主要功能就是各有关市场主体为节省由人的因素和环境的因素引起的交易成本而选择的一种与市场、企业和政府组织互补的"混合性"组织形式。

二、市场中介组织的内涵

人们一般所说的中介组织是指市场中介组织。当下，市场中介组织还没有一个统一的定义。有的学者认为，"市场中介组织有广义与狭义之分，广义的市场中介组织就是指专业化的交易组织，其中主要包括商业企业组织和狭义的市场中介组织。狭义的市场中介组织是专门从事某种或某几种交易职能，为市场主体提供各种服务，保证市场交易顺利，有序进行的专业化交易组织"。这里，交易组织是指"那些从事交易活动，在生产者与生产者之间，生产者与消费者之间媒介交易的组织"。

三、我国农业中介组织发展的现状

随着我国社会主义市场经济体制的建立和农村商品流通体制的改革和完善，各类市场中介组织在农村蓬勃发展，在帮助农民进入市场，顺畅商品流通方面发挥了不可替代的作用。由于农村市场中介组织是近几年才发展起来的，全国各地都处于探索发展阶段，且各地具体情况不同，出现了不同的组织形式，所以没有统一的统计口径，为归纳农业中介组织的发展情况造成了很多困难。本书试着基于农业中介组织的组成情况来介绍各种农业中介组织的发展状况。

1. 商业化经营的农业生产要素和农产品流通组织

我国农业中介组织包括从事农业产业化经营的农产品加工、运销实体，农资供应组织，农产品批发市场，营销大户，农民经纪人，技术咨询及技术承包组织等。农业部有关资料显示，截至 2004 年底，我国各类农业产业化经营组织超过 10 万个，带动 7000 多万农户，每户年均增收 1000 多元；农产品市场发展到 2.7 万多个，其中批发市场 4500 多个，年交易额超过 1.3 万亿元，占整个农业总产值的一半。此外，还有大量活跃在农村经济领域，以收取佣金、赚取差价为目的，为促成他人交易而从事农产品产加销中介服务的农民经纪人。这类组织的特点是包括农民在内的任何投资主体都可设立，产权关系比较清晰，采取商业化经营；与农业生产者处于平等地位，用各类服务与农业生产者实行等价交换，服务不仅需按全额补偿成本，还要取得合理盈利。①

2. 由政府部门、企事业组织领办或农民联合兴办的农民自助性组织

由政府部门、企事业组织领办的农民自助性组织一般由政府有关职能部门、各类经济技术实体、企事业单位领办组建；农民联合兴办的农民自助性组织一般由村里的营销大户技术能手和专业大户牵头兴办。农民自助性组织是农民自愿组织起来的，以农业生产者为主体，以专业化生产技术和生产经营为纽带，以增加会员收入为目的，在农户自主经营的基础上，实行资金、技术、生产、供销等互助合作的民办经济技术服务组织，具体形式表现为专业合作组织、农民协会、行业协会、专业技术协会四种。截至 2004 年底，全国比较规范的农民专业合作经济组织超过 15 万个（专业合作社约占专业合作组织总数的 35%，专业协会约占 65%），成员数量达 2363 万户，占全国农户总数的 9.8%，平均每个成员获得盈余返还和股金分红约 400 元，加入专业合作经济组织的成员平均增收 500 元左右。这类组织的特点是，能有效提升农民进入市场的组织化程度，增强农民抵御市场风险的能力，同时增加农民的收入，是与农户联系最为紧密的一种经济组织。

3. 由国家和集体兴办的经营服务组织和事业型服务组织

这类组织包括信息市场，劳务市场，农业科研组织，站、所、中心等农业技术推广组织。改革开放 40 多年来，我国建立了从中央到乡镇比较健

① 安建明，霍学喜，刘瑜. 我国农村市场中介组织发展模式研究［J］. 生产力研究，2007（15）：26-27.

全的农业技术推广体系，为农业和农村经济发展做出了重大贡献。这类组织的特点是，服务组织具有双重职能，一是为农业生产服务，二是为政府服务，本身不以盈利为目的，国家和集体经济组织对服务成本给予一定的补贴，服务是无偿或低偿的。

四、我国农业中介组织发展的不足

目前，我国的农业中介组织总体上尚处于成长、发育阶段，不可避免地存在一些问题和不足，主要表现在以下几个方面：

1. 从数量和类型来看，农业中介组织处于低层次发展阶段

农业中介组织类型主要有龙头企业（公司）依托型、政府牵线能人大户依托型、农民自发型。据《农民日报》2004 年 11 月 9 日援引农业部的统计数据，在全国 9.4 万个各类农业化经营组织中，以农民合作经济组织为主体的带动型中介组织达到 3.2 万个，占 34%，销售收入达到 2809 亿元，从规模和集中度来看都处在发展的初级阶段。国外的农业中介组织在规模和集中度上要发达得多，如丹麦的斯特弗屠宰加工厂，它是 5000 个养猪农户所共有的合作企业，规模是丹麦最大的，也是欧洲最大的，1994 年获利润 2.05 亿丹麦克朗，除留下 6000 万克朗用作技术开发和其他经营费用外，其余全部返还给农民；又如美国加利福尼亚州的蓝宝石杏仁协会，是由 4200 余个杏仁种植者组成的新型专业合作组织，会员生产的杏仁交给协会统一分级、加工、销售，协会按统一的商标（蓝宝石）、合理的价格销售会员的产品，并将扣除 6% 的销售纯利润全部直接返回给会员。这样，杏仁生产者不仅得到了初级产品的价格，而且也能将加工、销售环节产生的利润拿到手，从根本上解决了农业比较效益低的问题，从而提高了农业劳动者务农和增加农业投入的积极性。这是又快又好地推进农业产业一体化经营的关键所在。相比较而言，我国的农业中介组织数量少，类型也单一的专业协会，这显然既不符合市场经济的要求，也不能真正起到推动农业产业结构调整和促进农村经济发展的作用。

2. 从实力和整体水平看，对农业发展的推动作用发挥不够

（1）实力还不够，整体水平还不高，影响力还不大。绝大多数中介组织规模小，会员不到100人，产值上千万的寥寥无几，一些农户怕担风险，对入社持观望态度。有的仅起到单一的生产合作作用，难以实现"产供销、农工贸、产学研"一体化的目的，更谈不上按照国际、国家产品质量标准进行组织生产和运用世界贸易组织规则参与国际市场竞争，达不到提高农民组织化的程度，带动力也不强。因此，对农业的辐射作用还比较弱。

（2）信息服务手段落后。我国农业中介组织的信息电子化水平不高，影响了交易频率，造成压级压价，降低了社（会）员的收入，不能根本改变农民在交易过程中的"弱势"地位。

（3）相关的加工企业实力不强，农业中介组织运作的直接带动作用不强。

3. 从内部管理来看，农业中介组织管理不够规范、决策不够民主

有的中介组织没有登记注册、没有章程，有的虽有章程但很不规范；制度不健全，缺乏具体的管理制度，如议事制度、监事制度、财务管理制度等；组织机构不健全，相当多的农业中介组织未设财务管理机构和监事机构；有的农业中介组织在重大项目和活动中决策不民主，会（社）员很少参与决策和管理，许多成员认为协会或新型合作社是领办部门或领导的事，不太关心组织的发展，合作意识不强，只愿利益共享，不愿风险共担，这些都是农村农业中介组织发展中的不稳定因素；会（社）员的综合素质不高，适应市场经济的意识和能力不强，懂技术会管理、市场开拓能力强的复合型人才缺乏，造成现代农业技术，生物技术，新品种的种、养、加技术缺乏，更谈不上国际技术标准、国家标准在组织内部实施和运用现代管理技术进行策划管理，导致组织对政府及政府部门的依赖性增强，很大程度上制约了农村农业中介组织的创新和发展。

4. 从外部环境来看，农业中介组织的发展缺乏有力支持

（1）主办者认识水平不高，要么放任不管，要么像对待行政单位一样实行命令式管理，影响了发展速度。

（2）大部分农业中介组织资金运作困难，外部环境不够宽松，突出表现为贷款难、产品运输不畅。

（3）同农村合作经济组织一样，我国农村中介组织法律地位不明确，缺乏标准统一的价值评估系统。农业中介组织目前无法规可依，技术、劳务、土地、设备等的虚拟股份也缺乏标准统一的评估系统，社（会）员在交易过程中还处于"弱势"地位。

五、我国发展农村中介组织的有效途径

农产品流通业发展中重要的一条就是农产品流通主体在数量和质量上的提高。发展农村中介组织可以有效解决"三农"问题，促进农产品流通的现代化，是扩大农村内需的重要举措及新形势下中国农村工作十分重要的课题，需要政府、涉农企业、农村能人和农户各方面力量集合在一起才能解决。笔者认为，在中国新形势下发展农业中介组织，各相关主体应当妥善解决好以下问题：

1. 明确农业中介组织发展的指导思想和基本原则

发展农业中介组织应把握的基本条件是：以依法享有家庭承包经营权的农户为主体，建立民主管理机制，有成员自主制定的章程，按照加入自愿、退出自由、民主管理、盈余返还的原则，依法在其章程规定的范围内开展农业生产经营和服务活动。符合上述条件的，都应从政策上给予鼓励和支持。促进农业中介组织发展，要正确把握以下基本原则：坚持以家庭承包经营为基础的原则，坚持自愿民主的原则，坚持多种形式发展的原则，坚持示范引导的原则。只有坚持这些原则妥善发展农业中介组织，才能促进我国农业中介组织的健康发展，避免重蹈传统农村合作组织发展的覆辙。

2. 积极推动各项相关政策的落实

近年来，党中央、国务院和各省市县先后制定了一系列促进农业中介组织发展的政策措施，如贴息、减免关税费、开辟绿色通道、供应农资等。今后，要积极主动加强与有关部门的协调和配合，把各项政策措施落

到实处，为农业中介组织发展创造良好环境。同时，抓好典型，示范引导，产生示范效应，引导发展。要加强示范项目跟踪指导，深入项目单位，认真解剖典型，及时发现问题，协调解决实际困难，及时增加地方财政资金扶持规模，推广试点经验，帮助农业中介组织进一步发挥为成员服务的功能，引导更多的农户参与和办好农业中介组织。

3. 建立农业产业化经营组织体系

（1）打造一批有竞争力的核心农产品流通企业。围绕农副产品的加工、贮运和销售，建成一批对农村经济发展具有一定拉动力的龙头企业，并注重龙头企业和农户的有效联结，着力发展订单农业，推动生产基地规模的扩大、产品质量的提高、农民收入的增长。

（2）逐步形成农产品流通网络。围绕农产品的生产、销售，逐步形成以农贸市场为龙头，以各级各类服务组织为主体的生产、销售服务网络，集信息收集、生产、初级加工、产品销售和技术推广为一体，在生产经营中把一家一户的小规模生产、分散经营与社会化大市场衔接起来，逐步走向"公司+基地+农户"的产业化经营之路。

（3）发挥农业人才优势。促使一批农产品经纪人、生产经营大户在市场经济的大潮中日渐成熟，成为发展农村经济不可缺少的生力军，形成上连市场、下连农户、信息灵通、购销快速、货到钱清、农民信得过的自然状态的产业化经营链条。

（4）注重发挥中介组织对农业项目的积极支持作用。要注重发挥农业中介组织在新品种引进、新技术应用、产业结构调整等方面的载体和示范作用，形成全方位支持农业中介组织发展的良好环境和合力。

牢固树立支持和促进农业中介组织发展就是扶持和服务农民的观念，积极鼓励和支持各类农业中介组织参与国家农业综合开发、农业产业化、农产品优势产业带建设和优质粮食产业工程、超级稻标准化示范区建设、农业科技入户工程等农业财政扶持项目。符合条件的农业中介组织可以按规定的程序申报财政扶持项目，评审合格的项目可优先纳入扶持范围，统筹安排。

（5）政府为农业中介组织的发展提供良好的服务。大力开展培训教育和宣传活动。通过培训教育，使业务指导骨干熟悉合作理论、合作政策和合作实践，提高指导农业中介组织发展的水平，增强农业中介组织带头人带领群众共同致富的本领，提高其经营管理水平和市场开拓能力。同时，搞好宣传，引导广大农民积极参加并共同办好农业中介组织。

切实加强组织领导工作。县乡党委、政府的职能部门，应切实履行职责，把指导农业中介组织发展作为一件大事纳入重要日程。要明确任务，落实责任，加强和充实业务指导力量，使农业中介组织发展的指导管理工作制度化、具体化。

农业行政主管部门要主动为农业中介组织提供公共政策咨询，收集和发布价格信息、市场供求信息、科技信息等方面的服务，建立农业中介组织政府网站，实现各类农业中介组织联网，搭建公共信息服务和网络营销平台；指导农业中介组织实施农业标准化生产、采收、加工、分级、贮藏、运输；支持农业中介组织进行无公害基地、无公害产品、绿色食品和有机食品认证；引导农业中介组织树立品牌意识，申请注册农产品商标和地理标志，维护其经济利益。

（6）农业中介组织要加强规范化建设。各级农业行政主管部门要帮助和指导农业中介组织制订好章程。农业中介组织要加强成员（代表）大会、理事会和监事会等"三会"制度建设，坚持召开一年一度的成员（代表）大会，理事会和监事会要向成员（代表）大会书面报告当年度组织发展、业务经营、财务收支、盈余分配和监督审计等情况，组织独立核算，逐步建立健全财务管理和会计核算制度，实行社务公开和财务公开；加强会计业务辅导和审计监督，切实保护农业中介组织及其会员的利益不受侵犯；建立健全农业中介组织发展状况和业务经营状况等统计报表制度，全面了解和掌握发展动态，为政府制定相关政策提供科学依据；定期向农业行政主管部门报送相关统计资料，及时报送经成员（代表）大会审议通过的理事会和监事会年度报告。

第七章　中外农产品流通比较

第一节　中日流通体系的比较

一、日本农产品流通体系中的主要流通组织

在日本农村中开展流通活动的流通机构或组织有商贩、合作社、超级市场、公司厂家系列化直销机构等，其中最重要的是农民合作社，即日本的农业协同组织，简称"农协"。日本农协在日本农产品流通中的作用对我国有很多启示。本部分简单介绍日本农协的性质和基本运营方式。

日本农业协同组合，即农业合作社，以流通为主要事业，其性质和中国的供销合作社比较相近，同中国20世纪五六十年代的农业生产合作社和人民公社的性质完全不同。

1. 日本农协的基本情况

日本农协是根据日本1947年的《农业协同组合法》组织建立起来的，其事业目的是为农民社员提供最大的服务而不是盈利，这个事业本质体现了合作社运动的精神，即由社员的自立、自助和社员间的互相帮助与合作，维护自身的利益。

日本的农协有三级系统组织：

（1）底层：为市、町、村设立的基层综合农协。

基层农协为独立非营利法人，设在市、町、村，开始时规模较小，后为扩大规模效益，降低成本，曾多次进行合并。1961 年 12050 个，1971 年 6049 个，2001 年 1347 个，2005 年 836 个。未来的目标是 550 个，每个基层农协的正式会员平均近万人，基层农协直接面向会员提供综合性的各项事业服务。由于功能多样，其在日本通常被称作"综合农协"。此外，日本还有由从事稻米、蔬菜、水果、畜产、花卉等农业生产者组成的专业委员会，其组织规模依当地生产规模而异，不要求出资，功能主要限于某类农产品的联合供、销和加工服务。综合农协的会员通常可同时加入几个专业委员会。

基层农协的最高权力机构为会员大会，由正式会员表决重大事项。随着基层农协合并，单个组织的会员数量庞大，会员大会难以操作，逐渐代之以代表大会，大会每年召开一次。从会员中选举产生理事，组成理事会，负责农协的日常领导，每月开会一次。理事互选产生"理事长"，负责日常领导工作。基层农协下设有非自负盈亏的信用、保险、选果、加工等机构，以及会员直接参与的生产者组织、妇女组织、青年组织、老年人组织。

农协各级组织工作人员分两类：一是从会员选举产生的理事会、监事会成员和负责人。2004 年度全国共 23742 人，其中全职 3596 人；二是雇用的职员和工人，全国共 240435 人。工作人员合计 26 万多人。① 会员与工作人员之比约为 1000：33。由工作人员选举产生的参与监督、管理的会员与雇员之比约为 1：10。全职参与监督、管理的会员与雇员之比约为 1：67。

（2）中间层：为都、道、府、县农协设立的中央会。

现在，日本全国有 47 个都、道、府、县，就有 47 个农协中央会。该层次是联系基层农协和全国中央会的纽带。

（3）上层：为农协的全国中央会及各类事业的联合会。

这些机构均为独立的非营利法人。全国中央会由 47 个都、道、府、县

---

① 资料来源于"JA 全中年报"。

农协设立的中央会联合而成，不直接负责事业，主要对综合农协及各联合会进行指导、监督，以及向中央政府反映农协会员的意见和要求，向中央政府提出农业财政预算的要求。

各类事业联合会包括全国农业协同组合经济联合会（负责农业产、供、销服务）、全国农协共济联合会（负责老年保险）、农林中央金库（负责信用）、厚生联合会（负责医疗）。

随着基层农协的合并，都、道、府、县联合会的功能被削弱。1991年，日本农协的三级组织改两级，将都、道、府、县联合会与全国联合会合并。保险、信用事业联合会两级合并进程快，而其他事业的两级合并进度较慢。

日本农协社员由一定地区内、耕种一定面积以上、每年从事一定时间农活的农业劳动者组成。根据资格的不同，农协社员分为专业从事农业生产的正社员和部分从事农业生产的准社员。正社员，原则上要经营 1.5 亩以上的农用耕地，每年从事农业经营 90 天以上，或是从事农业经营的农事组合法人；准社员是基层农协所在区域内的兼职农民。准社员可以利用农协的各种业务设施，但利用总额原则上不得超过社员利用总额的 20%，没有选举权和被选举权。

以长野县佐久浅间农协为例，其组织结构如图 7-1 所示。

2. 日本农产品批发市场

除农协外，日本农产品流通的核心组织还有农产品批发市场。

（1）批发市场三级管理体制。日本农产品批发市场主要分为中央批发市场、地方批发市场和不到法定规模的小型批发市场。

1）中央批发市场。都、道、府、县政府所在地可以设置中央批发市场，县以下的城市必须拥有 20 万人口以上才能设置批发市场。批发市场由地方公共团体开发组建，依靠市场管理和收取租金来维持正常的开支和发展事业。中央批发市场是农产品批发市场主力，截至 2006 年，日本已有中央批发市场 87 个，其中 72 个含果菜业务，53 个含水产业务，10 个含肉食业务，23 个含花卉业务，年交易额达 60669 亿日元。

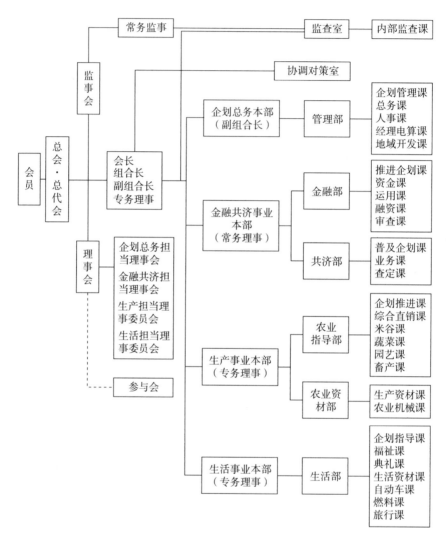

图7-1 长野县佐久浅间农协的组织结构

资料来源：杨团，孙丙耀，毕天云. 日本农协考察报告（第二辑）［R］. 社会政策评论，2008.

2）地方批发市场。主要由地方公共团体、株式会社、农协或渔业协会等单位组成，在得到都、道、府、县知事的认可并发放许可证后开设。地方批发市场可以由半官半民或企业或公司开设，面积（以经营蔬菜、水果的面积计算）不得小于330平方米。

3）不到法定规模的小型批发市场。此种批发市场多数由小型公司或个人开设并经营。其开设许可权由省一级地方政府行政长官掌握。

（2）日本批发市场流通体制。日本农产品批发市场具有公开、公平、公正及高效的市场竞争规则，既节约了农产品交易的时间和交易费用，又使广大农业生产者和消费者都成为其受益者。日本中央批发市场的农产品流通过程为：生产者—批发商—经纪批发商—采购者—消费者。由生产者、农协、贩运商等组织运来的产品，无条件地委托给批发商。经农林水产大臣获准的批发商将委托销售的产品，利用各种竞买（如拍卖、协商交易）方式出售给经纪批发商或直接出售给获许可的零售商、加工业者或大宗消费者。竞买者一般在竞买以前，要仔细查看已陈列在销售场中的各有关货品的质量，估计价格，并等待竞买。日本农产品批发市场体系，基本上实现了经营规模化、功能综合化、资本股份化、市场开设和经营管理分离化，形成了从农产品生产到流通一整套的理论和体系。

二、日本农产品流通体系的特点

日本是一个人多地少、农产品不能自给的国家。由于人多地少的现实情况，日本农产品的生产环节和市场环节一直存在矛盾。为了解决这一问题，日本构建了以完善的农产品物流基础设施为支撑、以高度组织化的农民协会为载体、以健全的农产品物流发展制度为保障的"三位一体"的现代化农产品物流创新模式，充分化解了日本"小生产、大市场"的物流困境。[①]

1. 以完善的农产品物流基础设施为支撑

日本政府为了促进本国农产品物流的大力发展，在多个方面为农产品物流基础设施的建设提供了支持：首先，日本在全国范围内对农产品物流基础设施进行统一的规划，针对物流基础设施的构建做了长远的规划，不仅预留了土地，而且在区域内对运输网络进行层级规划。日本在全国范围

---

① 杨丽华."三位一体"农产品物流发展模式研究——以日本农产品物流为例［J］. 商业经济研究，2018（16）：95-98.

内建立相对完善的物流网络，对乡镇物流运输节点进行系统的规划和资源的合理配置，构建点线相连层级分明的物流网络。例如，新干线铁路运输网、高速公路运输网等。尤其是日本的高速公路运输不仅十分发达，而且遍布村镇，可以极大地提升农产品的运输效率。其次，在物流网络的带动下，农产品生产地所在的村镇形成了一定的产业聚集效应，并建立了与农产品运输相配套的保鲜、冷藏、加工等企业。一方面带动了当地的经济发展，另一方面形成了设施完善、规模庞大的产业集群和物流园区，为农产品的高质高速运输提供了保障。

2. 以高度组织化的农民协会为载体

日本国土面积十分狭小，因此从事农业活动的面积有限，相对而言农业主体也较为分散。由于其有限的土地资源需要满足全国范围内的农产品市场需求，因此需要依托完善的物流体系的支持。日本政府为了提升农业主体的组织化程度，引导创设了众多农业合作组织，其中农协是实现日本农产品物流组织化发展的主导力量。日本农协的主要优势包括：

第一，为农户提供即时的农产品产销信息和技术指导。一方面农协通过产品的再加工提升农产品的附加价值；另一方面充分利用市场机制，引导农户生产更加高质丰富的农产品，提升市场竞争力。日本农产品生产总量的80%要进入批发市场，其中农协所组织的批发市场占到60%以上。因此，通过农协日本农产品可以顺利实现生产与销售环节的对接，保证市场价格的稳定。

第二，采用无条件委托方式。这种方式是农协主要的流通服务方式，在一定程度上扫清了流通过程中的主体关系障碍。无条件完全委托销售方式是指销售过程中针对价格、数量等因素的无条件，以及销售结果针对销售收入的无条件。即如果生产者将农产品销售委托给农协，那么无论农产品价格、销量如何，农户都需要无条件接受。农协的利益来源是通过农产品销售的比例分成来实现，因此农产品的销量和价格直接关系到农协的利益。农协之所以采用无条件委托的方式，其优点在于：一是无条件委托可以清除主体关系的障碍，对农产品进行统一销售符合市场实际情况，而且可以依据市场情况的变化快速做出决断；二是可以在最大限度上形成价格优势和规模效应，实现资源的最优配置，进一步稳定农产品的市场价格，获得竞争力。

第三，采用"统一计算、费用分担"的方式。"统一计算"就是按照结算期间内平均市场价格进行计算，以不同作物的生产周期为基准划定结算周期。基本公式为：某农户的销售收入 = 某等级农产品实际销售量 × 一定时期该等级平均市场价格－该等级农产品平均流通费用。"费用分担"就是将农产品流通过程中产生的流通费用、管理费用采取不同的方法在农户中进行分担。一般按照一个销售周期进行费用划分，待农产品销售季节全部结束后再进行差额调整。这种计算分担方式保障了农协的高度组织化，使其保证在农产品销售过程中的价格优势。在具体的交易中，农协利用价格管控和质量优势能够为农户争取利益的最大化。

3. 以健全的农产品物流发展制度为保障

日本农产品生产销售之所以能够拥有较为先进的流通渠道，是以健全的物流发展制度作为基础保障的。与我国相比，日本的农产品物流法律体系较为完善和全面，这为农产品物流的发展提供了法律支持。日本政府不仅先后制定了农产品物流发展的反垄断法、农协立法、财政立法、信贷立法，而且从物流的资金支持、经营运作、生产销售等各个方面进行细节化规定。同时，日本政府还建立了高效的农产品管理体制，尤其是对农产品在流通过程中的质量保障和农产品市场主体的规范进行严格监管、即时追溯，从中央到地方农产品的管理实现了生产与流通管理主体的统一，这样的联动机制可以迅速对市场动态做出反应，确保了市场监管的整体性，防止了政出多门的情况发生。

三、中日两国流通体系的比较

1. 日本农协和中国供销社之间的比较

前文指出，日本的农协组织和中国的农村供销合作社在性质上相近，但是日本的农协在今日依然是日本最重要的农业机构，在农产品流通领域发挥着不可替代的作用，而中国供销社早已没落，连最基本的组织结构都已经不全，职能大部分让位于个体、私营零售商，那么究竟是什么造成了同类机构的不同结果呢？笔者将介绍以上两种组织的相同和不同之处：

（1）农协和供销社的共同之处。

1）组织上，都是在政府的倡导、发动、安排下建立起来的，在政府的干预、帮助、监督下巩固和发展。

2）事业内容上，都由一开始的单一职能向为农服务的综合方向发展。如前文所述，日本农协现在的事业范围包罗万象，从生产到生活、产销到流通，农协都能提供专门的服务。与此相似，中国供销社一开始的职能也是单一的，后来发展出了购买、贩卖、生产指导的职能。可见，这个趋势是一致的。

（2）农协和供销社的不同之处。

1）在设立的依据上，日本农协的建立和发展的依据是《农业协同组合法》及其相关的法律法规，中国供销社的建立和发展的依据主要是政府的决定和指示。从设立的依据来看，中国供销社的设立缺乏法律依据。

2）实质上，日本农协是作为一种社会制度存在的，向社员提供公益性的服务，而中国供销社在发展中逐渐演变成以农民、农业为主要对象的从事买卖的商业机构。

3）事业内容上，日本农协的事业内容丰富得多，除基本事业外，还包括信用事业、保险事业、生活指导事业和卫生福利事业，中国供销社是不提供以上事业服务的。

4）基层组织的下层组织上，日本基层综合农协的内部有由农户组成的农家组合及各种专业部会，而中国供销社基层组织的下属组织就只有双代店和村级服务站。

5）在购销方式上，日本的农协按照合作社社员自助互助的精神，实行生产资料的共同购买和农产品的共同销售，是一种一般代理。中国的供销社却是一种买断交易，是合同制、联营制和利润返还制的形式，这是将农民当作顾客而不是代表农民共同购买、共同销售。

对比以上的共同点和不同点不难发现，两种性质相同的机构在两国拥有不同的发展情况。任何机构的发展都要受到先天和后天条件的制约。中国供销社在成立之初，就缺乏成立的法律依据，发展过程中，其性质也一直不明确。依据合作精神成立的组织，应当体现出公益性，但是中国供销社在发展过程中，逐渐失去了它的性质，农民不认为供销社是自己的，供销社也不是为人民提供服务的机构，而是面对农民、农业开展业务的商业机构，使供销社要面临其他同领域的商业机构的竞争。同时，由于体制弱势和历史包袱原因，积重难返就不得不让人惊讶了。

2. 专业批发市场的比较

同日本相似，中国专业批发市场的发展也很迅速，但是，中国的农产品专业批发市场并没有起到和日本农产品批发市场一样重大的作用。

（1）在管理规范性方面：日本农产品批发市场以严格的市场准入制度和健全的法律体系作为保障，有效地维护了市场的健康运行秩序，促进了市场资源优化配置作用的发挥和有效竞争机制的运行。在1921年，日本颁布了第一部《中央批发市场法》，明确规定了批发市场的组建、管理和运营方面的内容。在随后的几十年，日本政府不断对这部法律进行了修改，此后每5年修订一次，规定凡是进入批发市场交易的主体都要经过严格的资格审查，而且为了保证适度竞争，将进入市场的批发商、代理商数量通常严格限制在2~6人。这些中间商如果在信誉、产品质量等方面出现问题就会面临被淘汰的风险，这种制度一方面保证了批发商的信用和产品质量，另一方面也为市场的良性竞争提供了保障。此外，日本十分重视农产品供应的质量和安全问题，实行严入严出的双向管理体制，建立了一套完善的农产品追溯制度，包括对农产品的产地、质量认证、品牌的追溯检查，通过实施产品的快速检测和分析，为消费者提供了完善的追溯查询体系。

而我国农产品批发交易目前是分散进行的，虽然在中心城市有规模化的农产品批发市场，但批发市场的设立缺乏科学的论证，也没有相应明确的法律法规给予规范；市场建立涉及众多审批部门，相应的市场管理政出多门，缺乏规范性、系统性和严格管理。这样，批发市场交易活动的公共、公开、公正性很难保证，违法现象时有发生。从设立主体上看，中国批发市场设立主体既可以是官方半官方的组织，也可以是私人，在私人开发的情况下，批发市场的管理就存在很多的缺位现象。

（2）充分发挥农民自治组织的作用方面：日本农协是一个拥有强大经济力量的遍及全国的民办官助的农民群众经济团体，在农产品流通的各环节，如组建批发市场和集配中心，组织物流、商流、信息流及资金流等方面发挥了不可替代的作用。我国基层农协一般把主要精力放在产前农资集中购买、产中管理、农业科技推广等方面，在农产品流通方面的作用不明显。今后，我国农协应该重点建设产地农产品集贸所，负责本农协成员产品的集中、挑选、包装或冷藏，然后组织上市。此外，还应该组织运输联部门，充分保证农产品以高保鲜度迅速运到批发市场。

（3）批发市场的运行竞争机制方面：日本批发市场在价格的确定上主要是采用拍卖制，由市场管理人员用电子显示板公布产地、品种、质量、数量、价格进行拍卖。经纪批发商、参加买卖者要恪守法规、有实力、有信誉，才能在市场中站稳脚跟，稳定、多渠道、多品种地获得委托销售货源。我国批发市场竞争机制还没有充分建立起来，价格主要采用数量优惠的方法，结合产品成本确定，有很大的随意性，同时交易者在市场中的流动性很大，诚信体制缺乏，存在以次充好、欺骗消费者的情况。

3. 农产品流通背景的比较

对于发展农产品流通的问题，中日两国在发展农产品流通的背景条件下有什么样的不同，在市场环境、政策支持、居民文化等方面又有什么样的相似之处和不同之处，这些限制性的条件因素会在多大的程度上影响中国农产品流通业的发展呢？笔者选择对今日的中国农村市场的现状和流通革命前的日本进行发展农产品流通背景的对比分析。

（1）相同点。目前，我国的经济背景与发生第一次流通革命时期的日本有许多相似性，主要表现在：

1）现在的中国与当时的日本都处于经济高速增长期；

2）随着经济的增长和生活水平的提高，目前的中国与当时的日本都进入了大量生产大量消费的时期，而落后的流通产业成了大量生产和大量消费的"瓶颈"；

3）当前的中国和当时的日本农村，流通产业落后的主要表现也比较相似，主要是流通业态分散落后、效率低下；

4）当前的中国与当时的日本都具有引进国外先进流通经营形态、流通经营理念的机遇和技术条件。

从以上的对比可以看出，宏观上，中日农产品流通业发展的背景是相似的，从侧面反映出中国农村到了流通业大发展的时期。由于两国国情不同，在微观条件上，中日两国发展农产品流通业的背景就有很大的不同了。

（2）不同点。

1）双方农村市场经济体制的发育程度不同。尽管我国的经济体制已经由计划经济转为市场经济，发生了根本性的转变，但旧体制遗留下来的问题并没有完全消除，特别是农村国有或国有性质的流通企业的产权改造、机制转换等问题，严重束缚了我国农产品流通现代化的进程。流通革命时期的日本已经确立了市场经济体制，建立了完备的市场体系。我国这些问题的存在，必然会影响我国农产品流通领域的变革，这也使我国发展农产品流通业面临比当时的日本更多的困难。

2）双方发展农产品流通的紧迫性不同。影响我国流通革命的各种社会因素是在短时间内迅速形成的。从经济体制改革、建立社会主义市场经济体制到对外开放、加入世界贸易组织；从电子计算机的应用、POS、MIS系统的普及，到互联网的兴起、电子商务时代的到来，这一切都是在短时间内发生的。流通业长期处于追赶变革、适应变革的大潮中，环境始终发生着变化。当时日本的流通系统建设、社会化物流等已经相当发达。因此，我国的流通革命更具有紧迫性，如果不加快改革的步伐，我们将长期落后于流通发达国家。

3）双方发展农产品流通的长期性不同。我国是世界上人口最多、地域广阔、各地的经济水平和人文习惯差距很大的国家。地域之间的差距，使农产品流通发展的进程在不同地区出现很大的不同。许多落后的流通方式将由于各种理由，与先进的流通方式长期共存。流通革命时期的日本，地域之间经济发展水平差距不大，相对比较协调。因而，我国农产品流通的发展将经历一个更漫长的过程。

4）双方发展农产品流通的艰巨性有差距。中国二元经济结构的客观存在，使农民还没有属于自己的经济合作组织和农产品销售、服务体系，城乡阻隔导致流通不畅的现象还广泛存在。迄今为止，我国的农产品流通创新没有较多地考虑我国农民的利益和要求。当时的日本，农业经济合作组织相对发达，农村和城市之间也没有这么坚固的壁垒。

5）双方发展农产品流通的主导组织能力不同。日本农产品流通革命时期，农协作为核心组织发挥了很重要的作用，农产品专业批发市场作为主要的流通实体，对农产品流通的发展起了很好的规范作用，有效地连接了企业和农户。我国缺乏一个和日本农协一样性质和能力的农民合作组织，同时中国专业批发市场的素质良莠不齐，不能很好地连接农业企业和农户，并没有对我国农产品流通的发展起到和日本农产品批发市场一样的作用。

6）双方农村金融、信用、保险事业的基础不同。大流通的概念还包括流通金融的发展，而这个因素一直是相关学者所忽视的。我国解决农村金融问题的主体一直是农村信用合作社，作为四大行之一的中国农业银行其实没有多少关于农村金融的服务。现实的情况是，农村信用合作社因为和供销社一样的原因，难以发挥应有的作用，而主要负责农业支持的农业发展银行的支农资金规模每年都在下降，这种情况下，对农产品流通的金融支持也一直在缩减。在日本，负责相关事业的是农协，这是一个强有力的机构，可以为农产品流通的发展提高足够的金融支持。从这一点来看，我国农产品流通发展的资金问题将是一个难点。

从以上比较中我们可以发现，由于社会、历史条件的不同，中日农产品流通业发展面临的初始背景不同，中国的情况要复杂得多，中国农产品流通业的发展需要各个方面的人力、物力的投入，既要借鉴他国的经验，也要更关注自己的问题，如此才能同时克服普遍性和特殊性的问题，促进中国农产品流通的大发展。

四、日本农产品流通业发展的相关可借鉴经验

根据以上中日农产品流通发展背景的比较分析，我们可总结出进一步推动整个农村的经济体制改革，加快建立和完善社会主义市场经济体系，完善农村现有的市场体系和交易规范，是推进中国农产品流通大发展的基本条件，同时我国在发展农产品流通方面经验不足，核心机构能力有限，还需要着重从国外吸收、借鉴以下几个方面的发展经验，以加快我国农产品流通业的发展：

（1）在商流（包括零售业与批发业）方面。在连锁商与集聚商业两方面的经验，相关学者已经达成共识，发展连锁经营和集聚商业，发展现代物流配送是农产品流通大发展的主要措施，而我国城乡分割，农村市场分散，交通运输的基本设施条件差，为吸引连锁商家进入农村市场创造了障碍，影响了现代物流和配送的发展。

（2）在发展和培育市场体系方面，吸取有关建立和运输大宗农产品和生产资料的批发市场的经验。我国农产品和生产资料批发市场虽然也很繁荣，但是在国民经济的流通体系中并没有起到足够的作用，具体原因是在市场主体，市场运营规范化上和发达国家差距明显。

（3）在物流方面，吸取有关发展社会化物流、配送中与产需间直达供货的经验。我国由于农村交通运输的基础设施所限，很多区域物流配送的发展都不尽如人意，严重制约了中国农产品流通的发展。

（4）在农业市场化方面，吸取有关建立健全合作经济组织、发展农村社会化服务体系的经验。我国的农村合作组织和农村社会化服务体系，由于供销社和农村信用合作社的职能的弱化，导致其完全不能承担其相关的责任，从这个方面来看，这里是我们急切需要改变的地方。

（5）在流通技术方面，吸取有关推进流通信息化、高效化的经验等。这个方面不用多说，我国农村的现状中最严峻的部分就是流通信息化建设的严重滞后。

日本在20世纪六七十年代流通革命期间积累了较丰富的经验教训，可以作为我国发展农产品流通业的借鉴：

（1）便利店、连锁店、折扣店等新兴的零售业正是运用连锁经营原理而超越了号称"零售业之王"的百货，成为零售业的新明星，对农村而言，这两种业态的发展是对农村居民的生活、生产有重要的作用，其规模也适合中国农村的分散市场，需要大力发展。

（2）与流通革命初期出现的"批发无用论"的预言正相反，由于大量零散小商店的存在，由于原有的小商店通过连锁化走向规模经营的过程中，仍需利用批发弥补期经营资源的不足。因此，作为连接生产与市场纽带的批发业长期保持着良好的发展势头，在活跃市场、稳定物价等方面发挥了重要的作用，启示我们对专业批发市场的发展仍然需要保持足够的投入。

（3）物流业通过不断推进合理化和配送的共同化，发展了相关连锁行业的共同配送，适应了广大零售店的少批量、多品种、高频度的配送要求，为连锁经营在农村市场的发展提供了助力。

（4）农业协同组合作为农民自己的民主的群众性组织，为农民提供着全方位的服务，在农产品的生产与流通中较好地发挥了中介组织的作用、启示我们在中国供销社和信用合作社缺位的情况下，更要重视农产品流通中介组织的发展。

（5）以POS机为代表的销售管理系统的信息化与企业间交易的信息化取得了长足的进展，达到了世界先进水平，极大地支持了日本流通企业在农产品流通市场的发展。启示我们要重视流通信息技术的发展和应用，克服农产品流通市场之一的"短板"。

除此之外，日本农村的流通革命主要是依靠市场经济的内在力量而兴起的，但是，日本政府为了推进流通系统化与信息化也做出了富有成效的努力。日本政府制定的有关流通系统化、信息化的政策文件（如在通产省主持下，于1970~1971年制定的"流通系统化基本方针"等），包括文件本身的全面性、科学性和文件制定过程的扎实性、周密性是很值得我们学习与效仿的。

　　总而言之，认真研究与借鉴日本农产品流通发展的经验，将有助于我国克服在从计划经济时代的"流通"系统转向市场经济时代的"流通"系统的过渡期出现的"系统断层"问题，为迎接中国农产品流通的发展做好准备。

第二节　中法流通体系的比较

　　法国是一个农业大国，无论是农业产量还是农产品流通的发展程度都已经被列为世界农业最发达的国家之一。其农村商品流通体制具有鲜明的特点。我国也是农业大国，农业、农村经济的发展对我国经济的整体运行关系重大。由于法国农村生产体系的主体和我国一样，也是单个的农户，一样面临农户分散经营和农业产业化的矛盾，因此，考察法国的农村商品流通体系对于我国进一步深化农业体制改革，促进农村商品流通具有十分重要的意义。

一、法国农产品流通体系中的主要流通组织

　　法国农产品流通体系也是一个比较完整的体系，是由农产品生产者、农业合作社、加工企业、批发市场、超市、消费者组成的，如图7-2所示。

　　1. 农业合作社

　　农业合作社在法国农产品流通体系中占有极为重要的地位。据统计，全法国葡萄酒的45%、水果的40%、蔬菜的20%、牛奶的50%、猪肉的55%、牛肉的20%、家禽的25%都是通过合作社销售的。在农副产品出口中，农业合作社销售的占鲜果的80%、肉类的35%、家禽的40%。

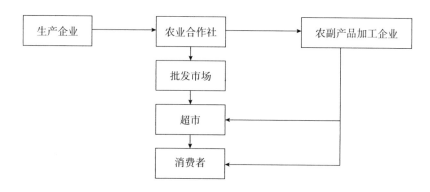

图7-2　法国农产品流通体系

合作社将各类鲜活农产品收购上来，可以直接销售给加工企业、批发商、零售商，一些有加工条件和能力的合作社也会利用自己的技术、设备在对初级产品进行加工后销售，如牛奶收购、加工与销售合作社，牲畜屠宰和肉类加工合作社，水果蔬菜收购与加工合作社，等等。

2. 农副产品加工企业

法国国内有几千家农副产品加工企业，它们大多与农业合作社有购销合同，当然它们也可以直接从农户手中收购。它们对收购上来的产品进行冷藏、分类、加工、包装，最后将成品运送给批发商或大型超市。这些加工企业在对农副产品进行加工时，主要选择一些便于工业化加工的产品，如烘焙食品、奶及奶制品。

3. 农副产品批发市场

水果、蔬菜、肉禽蛋、水产、奶制品及花卉等农副产品具有鲜活易腐、保存期限短的特点，只有对其采取时间最短、环节最少的流通渠道，才能保证其产品品质。法国主要利用批发中心市场将这类鲜活农产品供应给各地居民，全法农副产品流通网络就是由九个大规模的公益性批发市场和其他一些中小规模的农产品批发市场组成的，如世界闻名的法国伦吉斯农产品批发市场。

4. 超市、蔬菜水果商店

在法国，终端消费者一般从各大型超市、连锁店以及街边的蔬菜水果商店购买所需的肉、蛋、禽、蔬菜水果等农副产品。这些超市及蔬菜水果店是农副产品由生产者流向消费者的最终环节。

二、法国农产品流通体系的特点

1. 农业合作社是农村商品流通的中坚力量

法国国内市场中，合作社在农产品的收购、加工、销售方面都占有很大的比重，在整个法国农村商品的流通过程中发挥着重要的职能作用，是农村商品流通的中坚力量。

（1）农业合作社的类型。农业合作社的分类方法有很多，按照其主要活动领域，可以分为以下四类：

1）共同经营合作社。共同经营合作社主要针对农业生产资料的使用。其成立的目的是充分利用合作社成员自己拥有或租用的生产资料，实行共同投资，共同使用生产资料，共同经营。到 20 世纪 80 年代末，法国这类合作社已近 4 万个，对农业生产的顺利进行起了重要作用。

2）农产品流通领域合作社。流通领域合作社的业务涉及农产品的收购、加工、销售等方面，是法国农业合作社的主体，也是目前在法国发展得最为成功的合作社。现在法国约有 80% 的农民都加入这类合作社，社员与合作社签订合同，将生产出来的全部或部分产品交给合作社经营，而合作社则通过自己在技术、设备、信息、市场渠道等方面的优势使社员获取最大利益。

3）金融、信贷合作社。法国国内大约有 10000 个农业信贷基层办事处，3000 多个地方农业互助信贷银行。90% 以上的农场贷款是由农业信贷合作社提供，是农业筹集资金的主要渠道。

4）各类服务性合作社。服务性合作社主要为社员提供农业机械出租、维修、病虫害防治以及新技术应用等方面的服务。该合作社现在大约有 13300 个，但规模一般比较小。

（2）农业合作社的主要职能。农业合作社是法国农业经济的一个重要组成部分，存在于农村商品流通的各个环节，发挥着重要的经济职能、服务职能、管理职能以及政治职能。

1）经济职能。目前，全法国合作社年营业额为 1650 亿欧元，通过合作社收购的粮油占全国的 75%，葡萄酒占 60%，鲜奶占 47%；在农产品和食品加工出口中，其经济职能主要体现在组织农产品的生产、收购、加工流通三方面。

组织生产。在生产领域，法国目前约有 68 万个农业经营单位和农场，90% 为合作社成员或与合作社有联盟关系，主要形式为农业共同经营共同使用农业工具合作社等。由合作社生产的羊奶酒、牛肉、猪肉、羊肉分别占全国生产总量的 61%、30%、80%、49%。

合作社能够在农产品生产中占重要地位与农产品市场的供求和农业生产本身的特点密不可分。农产品市场供求瞬息万变，规模较小的农民无力把握市场风险；同时，农业现代化要求先进的生产工具，生产成本的增加也为小规模的农户带来了沉重的经济负担。利用合作社这种形式一方面将农民组织起来，通过合同的形式调整农民生产结构，从而达到调整对市场的产品供给。这种调整在一定程度上还控制了市场价格，避免或削弱由于农产品过剩或短缺引发市场价格大幅波动带给农民的不利影响。另一方面合作社将生产工具重新组合，利用规模经济减少每个农户的生产成本，取得更好的效益。

组织收购。合作社在收购粮食及农副产品中也起着重要作用。1999 年，合作社收购 47% 的奶制品，90% 的生猪，74% 的粮食及油料作物，60% 的餐用葡萄酒。当年，平均 60% 的农产品均是由农业合作社进行收购的。

组织农产品的加工流通。对于家庭农场来说，农产品的销路至关重要。但是，如果作为单独的个体，在市场上进行交易总是处于弱势地位，没有在市场上讨价还价的能力，因此除了与私人企业建立直接的购销关系外，特别需要专门从事农产品加工流通领域的合作社将大量中、小农户联合起来，利用自身的加工、仓储设备、流通渠道，使农业生产和农产品市场之间建立紧密的联系。而农户也通过合作社这种形式，改变了自身的弱势地位，不仅能够获得农产品的增值效益，也获得了规模效益。

法国农民生产的农产品中大约有 77% 被委托给专业合作社进行加工，其中奶制品、肉类、蔬菜水果罐头、饮料的加工是合作社经营的重点行业。在出口贸易中，合作社所占的比重也很大，合作社占谷物出口的45%，鲜果的 80%，家禽的 40%。随着市场份额的不断扩大，合作社不仅是承载法国国内农产品流通的主体，更是连接农户与世界市场的重要桥梁。

2) 服务职能。农业合作社的服务职能主要体现在搞好农产品研发、技术咨询、职业培训以及帮助农民扩大规模不断发展等方面。

法国农业合作社系统雇用了约 2000 名技术人员，在农作物防治病虫害、农业机械的使用以及新技术应用等方面提供包括指导、咨询、培训在内的技术服务。比如在葡萄种植区，一些用于酿造名酒的葡萄种植土壤进行各项分析，控制葡萄成熟期的收藏时间等问题，都需要向专业的农业技术人员咨询，并由他们提供辅导。这些技术服务将农业教育、科研、生产三者紧密地结合起来，不断提高农民自身素质，增强其抵御市场风险的能力。

农业合作社也负责向会员提供信息及运输服务。合作社把从世界农贸市场、国内市场以及政府收集来的农产品信息连同其他方面的咨询，通过会议、广播、电视、报刊、网络、电话等各种渠道传递给组织内的会员。

除此之外，农业合作社还向农场主提供金融信贷服务。正如前面我们所介绍的，法国有专门从事金融信贷的合作社，如家庭信贷合作社、农场主信贷合作社以及兼具两者特点的信贷合作社。合作社的信贷服务为法国农业的扩大发展提供了充足的资金和保障。而其中以信用合作社为基础的法国农业信贷银行发展规模最大，提供农业贷款最多。它目前是法国最大的银行，也是世界第七大银行，拥有 2865 家分行，7500 个办事处，10105

个服务点。每年发放农业贷款 50 亿欧元，其中 20010 欧元是政府给农民的贴息贷款。它的股东中既有农民也有各类合作社，能够以极低的利息贷款用于购买生产资料或扩大经营规模，因此可以看出农业信贷银行的基本方针是为农民的利益着想的，也正因如此，农业信贷银行能够始终在农业投资中占主导地位。

3）协调职能。法国的农业合作社一般分为基层合作社、地区性组织、全国性组织。基层合作社是由农民自愿组成，主要负责农产品的生产、经营、加工、销售等具体业务。地区性组织、全国性组织则是以合作社为成员组成的协会、联合会，它们的责任就更多地体现在协调职能上。

一方面，任何一个地区性或全国性的合作社联合会都可以代表其成员社、农民参与到各级政府对农业法律法规的制定当中，并就重大问题与政府进行商讨，协调政府与各基层合作社的关系，从而保证协会成员的利益。

另一方面，政府也很重视这类联合会的发展。政府通过合作社联合会向基层合作社及农民传递农业发展政策和信息，在促进合作社发展的同时，间接调整农产品的生产经营状况，从而达到协调社会经济关系，保持社会平衡的目的。

合作社在地区和全国范围内组成联合会，其中国家一级的代表机构就是法国合作社联盟（CFCA）。它由三个层次组成，大的生产合作社、按行业划分的合作社集团、地区性的合作社联盟以及下属公司和合作社。该联盟在全国共有 130 万个社团和 4000 多个企业。其主要任务是为全体农业合作社服务，作为协会性组织，与政府、议会对话，开展对内对外的联系与交流，保护合作社整体利益。

从农业合作社在经济、服务、协调这三大职能上看，农业合作社不仅加速了农产品流通，减少了成本，增加了农民收益，提高了农民受教育水平和应用技术水平，而且在一体化农业，发展农村现代化，推动法国农村建设等方面都有举足轻重的意义。

2. 批发市场是法国农村商品流通体系的重要组成部分

法国批发市场是法国农副产品交易的主要场所。水果、蔬菜、肉蛋禽、水产、奶制品和花卉等农副产品主要采取批发市场销售的形式，以便以最短的时间、最便捷的渠道供应给各地的居民。法国目前有 23 家国家公益性批发市场，均由国家及所在地政府投资建立。它们分布在全国各地，与其他中小规模的农产品批发市场一起，共同组成了全法国的农产品流通网络，在农副产品流通中发挥着重要作用。

（1）批发市场是其他农产品流通组织的中介。在法国，农民是不能直接把生产的农产品拿到市场出售的，只能将农产品交给农业合作社及有收购资格的私人粮贸公司、批发商。批发市场就为这些合作社、私营公司、批发商等流通组织提供了集中交易的场所。这种流通形式通过充当农产品批发商和零售商的媒介，缓解了农产品买难卖难的矛盾，减少了交易次数，降低了交易成本，提高了交易效率，使原来具有封闭性、地区性的农产品购销迅速发展成为全国乃至世界开放式的农产品流通。

坐落在巴黎南郊 7 千米处的伦吉斯市场，是目前欧洲乃至世界上最大的农副食品批发市场。它占地 230 公顷，880 多家批发商和 1000 多家自产自销的私营公司或专业户集中于此，进行批发销售。每天都有数万家的零售商、餐厅饭店、企事业单位以及外交使团、国际组织来该市场进货。一些大型的零售企业、宾馆等还可以通过批发市场与合作社直接订货，等货到后直接由配送中心送达指定地点。此外，这个市场也吸引了大批来自瑞士、比利时和联邦德国的定期主顾。总之，这些大型的批发市场不仅提供了一个集中交易农副产品的场所，更是为各类流通组织提供了进行交易的桥梁。

（2）批发市场形成了价格信号。在批发市场，尤其是在规模较大、开放型的批发市场中，供求关系比较集中，竞争因素较多，市场信息的传播时间短、范围广，因此市场内各类农产品的交易能够较真实地反映其供求情况。这些价格、供求信息每天由法国政府指派的统计官员统计并输入电脑，其他批发市场、流通组织都可以从电脑终端了解各市场行情，并以此为基础制定各类农产品的价格。从这一点来说，批发市场的交易价格是国内批发价格、零售价格的基础。

（3）批发市场是获得农产品信息的中心。批发市场连接着供求双方，在市场上集中了大量有关农产品品种、数量、质量、价格等各方面的信息。市场通过自身的信息传递手段，将交易信息传递给经营者。一方面，经营者利用这些信息可以指导农民按照市场需求安排生产，间接调整农业生产结构；另一方面，这些信息也可以作为指导消费的基础，调节需求，稳定市场供求。伦吉斯市场内就设有 300 台闭路电视，23 个频道滚动播出商品的实时价格、销售量等信息，这些信息经计算机中心分析处理后，会被传送给批发商和生产商，用于安排生产和供货。同时，这些信息也是政府制定政策的重要依据。

（4）批发市场是法国农产品的集散中心。在大型跨地区批发市场形成之前，法国的农产品市场多是建立在市镇的地区性农产品市场，商人只是将从农民或更小的集市上收购来的粮食、副食品拿到市场上出售，那时市场上的农产品种类很少，不能满足人们对产品多样性的需求。迅速发展的现代交通事业，将原先相对独立的各地区小规模的农产品市场联结起来，形成覆盖更大范围的批发市场，充分实现了农产品的集散。这不仅满足了当地居民的生活需要，也提高了生活质量。

再以伦吉斯市场为例，该市场批发经营的种类主要有四大类：蔬菜水果类、肉蛋禽类、奶制品类、花卉类。这些产品由市场参与者从不同的产地、加工企业运到这里，满足巴黎近 1000 万人口的消费，部分产品还远销德国、西班牙、意大利。

此外，法国的农产品批发中心都设有比较完善的配套设施和服务体系。市场内部除了冷库、仓库、运输设施外，一般还设有银行的办事处、警察所、邮局、卫生所，有的批发市场还专门开办了商业技术培训学校，对批发商等从业人员进行必要的专业培训。这些服务体系确实提高了农产品流通的效率。

3. 农产品加工是农村商品流通中的重要环节

法国的农产品加工业十分发达，1994 年，法国农产品加工业产值共计 6290 亿法郎，所创造的产品附加值为 1230 亿法郎，当年农产品加工业从业人员达 40 万，占工业部门从业人员的 9%，其营业额占法国整个工业部门营业额的 17%。肉类、奶类、其他食品以及饮料加工业是四大主要部门。目前，欧洲前一百家农产品加工企业中，有 24 家在法国；世界前一百家农产品加工企业中，7 家在法国。同时，农产品加工业也是法国外贸出口的强项，是每年获取外贸出口顺差的支柱产业之一。1995 年，法国农产品加工产品出口额是 1377 亿法郎，外贸顺差 313 亿法郎，占当年全法外贸顺差总额的 30%左右。

从法国发达的加工业我们不难看出，农产品流通已远不是原始意义上的初级品直接进入市场，而是通过加工处理，更便于保存、储藏、运输的、能够满足更高需求的商品，更便捷、更有效地从生产者向消费者转移。一方面，加工业提高了农产品的附加价值。另一方面，农产品加工业作为农村第三产业，也为转移农村剩余劳动力，提高农业生产效率做出了贡献。农业食品加工业为农业过剩的劳动力创造了大量就业机会，加工业的发达将农民从自己加工、销售的负担中解脱出来，专心于生产、种植，提高了农业生产效率。

总之，加工只是一种手段，其最终目的是流通。农业食品加工业的发展，是为了使农民与市场更紧密地联系起来，更好地实现农产品的市场化。

4. 合理的商业布局、发达的储运体系是法国农产品流通体系的基础

（1）合理的商业网点分布。法国政府十分重视商业网点的布局，专门由国家经济和商业委员会负责这项工作。该部门根据各方面因素，制定出某地区商业网点规划，对于各个网点的建设设定了严格的审批制度。因此，法国国内的商业网点，如批发市场、各类超市、购物中心的建立，都是经过严格规划的。

农产品的流通网点可分为两类：一是规模较大的农产品批发市场；二

是农产品的零售市场。法国的农产品批发市场一般设立在各大城市、交通要道汇集处，这样不仅方便了农产品的集散，而且也能够带动周边地区的农牧业生产。然而，随着城市的发展，有些原来建立在城市中心的批发市场严重影响了城市当下的交通和建设，不得已迁出了市中心。巴黎的伦吉斯菜市场就是由巴黎市区迁至市区7千米外的奥利机场附近。除了批发市场，法国还有10家农产品超市，其蔬菜和水果的销售额分别占全国总额的55.7%和59.3%。还有一些超市分布在各大批发市场周围，它们会在最短的时间内将新鲜的农产品提供给消费者。

在法国，大型百货商店、商场、普通超市一般都建在市中心，以方便市区居民消费。远郊交通方便的地方，一般也建有巨型超市或大型购物中心。这种新的商业模式，一般位于城乡接合部，多是高速公路交汇处，规模巨大，设有大型停车场，其商圈可辐射周围十几千米，因此无论是城市居民还是农村居民均可以方便地在这里购物、娱乐。

（2）快捷便利的交通运输是影响农产品流通的重要因素。法国有发达的海运、铁路、航空运输，这为农产品在国内的运送及出口创造了便利的条件。一般来说，各大农产品批发市场周围都有比较发达的运输系统。比如，伦吉斯市场周围有铁路、高速公路和国家公路直接延伸到市场内部，它离著名的奥利机场也只有2千米，构成了四通八达的以航空、铁路、公路为主体的高效运输网络。每天有近1500辆卡车、200节火车、10架运输机将从法国各地以及从国外进口的大量鲜活产品运到伦吉斯市场，充分保证了货物的供给。由于运输便捷，德国、比利时等周边国家的进货卡车在凌晨两三点钟就可以把货运回，当天便可销售。

三、中法两国流通体系的比较

1. 法国农业合作社和中国农业合作组织的比较

中法两国流通组织最大的不同点就在于双方农业合作社的发展水平相差巨大。农业合作社是法国农村商品流通的中坚力量，职能也相当完备，而中国的传统农业合作社大部分已经偏离了合作社组织的性质，变成了商业组织，新型农业合作社的发展还处在初级阶段，无论是作用覆盖的面，还是职能的专业性、完备性方面，都不能和法国的农业合作社相比，是制约中国农产品流通发展的重要因素。

2. 专业批发市场的比较

同日本相似，法国专业批发市场在农产品流通中作用巨大，其组织化、规模化程度都很高，大部分农产品都通过这一渠道流向市场。我国农产品专业批发市场则面临发展良莠不齐的问题，少数大市场的发展并不能有效改善我国农产品流通的现状，大部分农产品批发市场发展不足，规模偏小，不能有效地发现市场价格，规范市场竞争。

3. 农副产品加工企业数量和质量的比较

相对于法国农副产品加工企业的繁荣，我国的农副产品加工企业在数量和质量上表现出明显的差距。一方面，我国农副产品加工企业的发展历程短，在管理和相关的质量规范上还没有达到法国企业的水准，不少企业的产品品牌意识差，忽视产品安全，使其发展不能够有效支撑农村商品流通体系。另一方面，中国的市场容量远超法国，中国部分农产品加工大企业的规模也在法国同行之上，但是由于中国市场分散，运营成本高，中国农产品加工企业的竞争力普遍不高。

4. 超市、蔬菜水果商店比较

法国的超市和蔬菜水果商店分布十分广泛，城市和乡村均有密集的分布网络。而在中国，近年来，随着城市化的发展，中国城市消费者已经习惯在超市、蔬菜水果商店购买日常蔬菜；但在农村或小城镇市场上，超市、蔬菜水果商店还处在发展的初级阶段。

四、法国农产品流通发展的相关可借鉴经验

法国农业流通特点鲜明，而且中法两国农业经营有一定的相似之处，总结法国农业流通的发展经验对中国发展农产品流通体系有一定的借鉴作用。

1. 要完善中国的农业管理体系

法国农产品流通体制的发展离不开完善的农业管理体系。法国的农业行政管理体系是由官方、半官方以及民间协会共同运作的。主要包括：

（1）农业、渔业部及其内设的食品总局、乡村和森林司、水产养殖司、经济和国际政策司等。其中，食品总局的主要职能是改善农产品和食品的质量管理，促进农业工业发展，指定农产品加工、销售和相关服务的发展政策、对农产品加工进行投资等。

（2）全国性行业联盟，如农业合作社联盟、农业行会常务大会、信贷联盟等。这些行业联盟的主要职责是代表联盟成员，维护成员的利益；同时它们也是政府和各种利益团体的中介，是交流的平台。

（3）跨行业管理局。如农业组织事务所、肉类管理局、奶制品管理局、谷物跨行业管理局等。他们主要负责各类农产品行业间的协调工作，并对其生产和销售、出口提供补贴，为收购商贷款提供资金担保。

（4）科技单位和发展促销机构。包括各类农业技术协会、畜牧研究所等。法国的农业科技主要靠国家投入，分为研究和推广两个层次。其中科研的部分主要归农科院负责，按农业生产区划分，农科院在全法共有 22 个分院，根据当地农业发展的现实需要设定研究开发的课题。在技术推广方面，则主要依靠各级农业协会及合作社，它们才是农业技术推广体系的主力军。

而中国的农业管理体系大部分在农业局旗下，同法国相比，全国性的行业联盟很少，半官方、民间协会的功能发挥不足，部门分割、条块分割严重，以前有一句反映农业部门的谚语"十一个部门管不好一头猪"虽然有夸张成分，但是确实表现了我国农业管理部门低效的现状。

2. 要重视农村商业网点的规划

商业网点规划进入我国是 20 世纪 90 年代，至今已经被大部分城市的商业主管部门所接受，但是与之相对的是我国的农村和小城镇商业网点规划还是空白。这样一方面广大农村的商业网点全部由农民自行决策，导致很多重复建设。另一方面为有关机构的有效管理造成了很多困难，还不利于农村商业的持续健康发展。

3. 要重视农产品信息的指导作用

中国农产品批发市场和新型合作组织的发展不充分，导致了信息中心的形成困难。农民不知道市场行情，不能指导生产。当前情况下，需要加强专门的农业信息中心的建设，比如农业部专门网站等农业资讯网，要充分发挥电子商务的指导作用，才能现实地解决困扰我国农民"卖难"问题。

第八章　农产品流通未来展望

农产品流通体系的建设关系到整个农村经济的发展。虽然新中国成立以来，我国的农产品流通在政策体系构建、基础设施建设、流通组织培育、电商平台发展等方面取得了不俗的成绩，但是仍然存在小生产与大市场的矛盾、食品安全问题、诚信缺失问题、标准化不严问题、农产品电商上行发展难题等，未来，农产品流通需要在体系重构、新基建建设、市场主体培育、线上线下融合发展和跨界融合发展五个方面形成合力，走上适应当前经济发展形势和满足广大群众消费需求的高质量发展之路。

第一节　农产品流通取得的发展成果

从新中国成立以来，农产品流通的制度经历了九轮变革，如今初步形成相应的政策体系，为农产品流通提供了法律和制度保障；基础设施从落后到逐步完善，发生了质的变化，为农产品流通奠定了坚实的物质基础；组织结构从单一化到平台化发展，组织成员不断壮大，为农产品流通提供了充足的资源保障；电商平台的蓬勃发展，使得电商企业成为农产品流通的生力军，为农产品流通发展注入新的活力。

一、政策体系初步形成

1. 经历九轮变革①

新中国成立 70 年以来，我国农产品流通制度经历九轮变革和改革：

（1）第一阶段（1949~1952 年），我国政府采取自由收购政策，保证粮食"供求平衡"。

（2）第二阶段（1953~1978 年），即改革开放前期实行"粮食统购统销"制度，即计划粮食产销时期，与此同时，还有"生猪统购派购"制度，计划经济渗透在国民经济的各个领域。

（3）第三阶段（1979~1984 年），定购粮食实行"减购提价"阶段，提高农民收入，即"交够国家的，留足集体的，剩下是自己的"，通过提高粮食价格，提高粮农收入。

（4）第四阶段（1985~1991 年），粮食等实行"双轨制"阶段，1985 年取消有 32 年历史的"粮食统购统销"制度和政策，实行国家定购、市场收购的"双轨制"，是一次革命性的变革。

（5）第五阶段（1992~2000 年），转换粮食价格形成机制阶段，1992 年邓小平南方讲话，极大地促进了改革开放的进程，粮食改革开放的速度加快。

（6）第六阶段（2001~2004 年），2001 年我国加入 WTO，加快了各个领域的治理整顿，倒逼我国与世界接轨，2004 年我国加入 WTO 过渡期结束，开始全面对外开放。

（7）第七阶段（2004~2014 年），我国全面放开粮食等农产品市场；采取最低收购价政策和临时收储政策；开始大幅度提高粮食收储价格。中央连续出台多个中央一号文件，出台取消农业税、提高粮食收购价格、加大种粮补贴、良种补贴、农机具购置补贴、农资综合补贴等一系列支持粮食生产的政策措施。

① 洪涛. 我国农产品流通 70 年发展报告 [J]. 商业经济研究，2019（21）：191-193.

（8）第八阶段（2014~2017年），启动粮食收储制度和价格形成机制改革，一是全面改革粮食临时收储政策；二是坚持并完善粮食最低收购价政策。

（9）第九阶段（2017年至今），我国进入以消费为导向进行粮食供给侧结构性改革，把解决好"三农"问题作为工作重中之重，坚持农业农村优先发展，夯实农业基础，实施"藏粮于地、藏粮于技"战略，以满足人民群众日益增长的美好生活需要为目标，进行农业供给侧结构性改革，实施乡村振兴战略，确保"谷物基本自给、口粮绝对安全"。

2. 政策体系逐步形成①

近年来，随着国家对"三农"问题的关注，国家从政策层面大力支持农村电商及物流发展。目前，我国已先后颁布施行了《互联网信息服务管理办法》《电子认证服务管理办法》《国家商业电子信息安全认证系统》等法规和政策，相继出台了推进农村电商物流发展的相关政策，初步搭建起了法律框架，为农村电商物流发展提供政策保障。

（1）在确定基础性地位方面，基于"互联网+"技术全面普及而产生的电商时代，物流业成为支撑国民经济发展的基础性和战略性产业。国务院2014年发布的《物流业发展中长期规划（2014~2020年）》，奠定了我国物流业发展的核心地位。2015年国务院颁布的《关于促进农村电子商务加快发展的指导意见》（国发〔2015〕24号）中，提出了"到2020年，初步建成统一开放、竞争有序、诚信守法、安全可靠、绿色环保的农村电子商务市场体系"的目标，鼓励加快完善农村物流体系，包含：加强交通运输、商贸流通、农业、供销、邮政等部门和单位及电商、快递企业对相关农村物流服务网络和设施的共享衔接，加快完善县乡村农村物流体系，鼓励多站合一、服务同网；鼓励传统农村商贸企业建设乡镇商贸中心和配送中心，发挥好邮政普遍服务的优势，发展第三方配送和共同配送，重点支持老少边穷地区物流设施建设，提高流通效率；加强农产品产地集配和

---

① 吕建军. 中国农村电商物流发展报告［EB/OR］. 人民网新电商研究院，2020.

冷链等设施建设等内容。按照《国务院关于大力发展电子商务加快培育经济新动力的意见》（国发〔2015〕24号）和《国务院关于积极推进"互联网+"行动的指导意见》（国发〔2015〕40号）的部署要求，2015年农业部、国家发展和改革委员会、商务部关于印发《推进农业电子商务发展行动计划》的通知中首次提出完善农产品电子商务线上线下对接，建立农产品网络集货平台并实现其平台对接功能，重点支持"三品一标"产品网络推销，建立农产品网络信用，扎实推进农业电子商务快速健康发展。2015年国务院办公厅《关于推进线上线下互动加快商贸流通创新发展转型升级的意见》中提出，鼓励运用互联网技术大力推进物流标准化，推进信息共享和互联互通；大力发展智慧物流，运用北斗导航、大数据、物联网等技术，构建智能化物流通道网络，建设智能化仓储体系、配送系统。同时在2015年中央一号文件《关于加大改革创新力度加快农业现代化建设的若干意见》中针对农村电商也提出了一系列的优惠政策，包括进一步构建跨区域的农产品冷链物流体系，发展特色农产品产区预冷工程，加快"快递下乡"步伐等，这一系列政策文件都给农村物流体系的发展指明了方向。

（2）在鼓励发展方面，2016年中央一号文件《中共中央　国务院关于落实发展新理念加快农业现代化实现全面小康目标的若干意见》要求，促进农村电子商务加快发展，形成线上线下融合、农产品进城与农资和消费品下乡双向流通格局；加强商贸流通、供销、邮政等系统物流服务网络和设施建设与衔接，加快完善县乡村物流体系；实施"快递下乡"工程；鼓励大型电商平台企业开展农村电商服务，支持地方和行业健全农村电商服务体系；建立健全适应农村电商发展的农产品质量分级、采后处理、包装配送等标准体系；深入开展电子商务进农村综合示范等。2016年4月国务院办公厅《关于深入实施"互联网+流通"行动计划的意见》中提出，加大物流基地建设政策、冷链系统建设等的政策性扶持力度，科学规划和布局物流基地、分拨中心、公共配送中心、末端配送网点，加大流通基础设施投入，支持建设农产品流通全程冷链系统；加大流通基础设施信息化改造力度，充分利用物联网等新技术，推动智慧物流配送体系建设，提高冷链设施的利用率；科学发展多层次物流公共信息服务平台，整合各类物流资源，提高物流效率，降低物流成本；推进电子商务与物流快递协同发展，着力解决快递运营车辆规范通行、末端配送、电子商务快递从业人员基本技能培训等难题，补齐电子商务物流发展短板；鼓励邮政企业等各类市场主体整合农村物流资源，建设改造农村物流公共服务中心和村级网点，切实解决好农产品进城"最初一公里"和工业品下乡"最后一公里"问题。

（3）在体系建设方面，2017年中央一号文件《中共中央　国务院关于深入推进农业供给侧结构性改革加快培育农业农村发展新动能的若干意见》中提到：推动商贸、供销、邮政、电商互联互通，加强从村到乡镇的物流体系建设，实施快递下乡工程；深入实施电子商务进农村综合示范；鼓励地方规范发展电商产业园，聚集品牌推广、物流集散、人才培养、技术支持、质量安全等功能服务；完善全国农产品流通骨干网络，加快构建公益性农产品市场体系，加强农产品产地预冷等冷链物流基础设施网络建设，完善鲜活农产品直供直销体系等。2017年8月，商务部和农业部印发《关于深化农商协作大力发展农产品电子商务的通知》，要求开展农产品出村试点和农产品电子商务标准化试点，加强农产品分等分级、加工包装、物流仓储、冷链等基础设施建设，实施农产品供应链管理。

（4）在基础设施建设方面，2018年中央一号文件《中共中央　国务院关于实施乡村振兴战略的意见》指出"加强农产品产后分级、包装、营销，建设现代化农产品冷链仓储物流体系，大力建设具有广泛性的促进农村电子商务发展的基础设施""深入实施电子商务进农村综合示范""加快推进农村流通现代化"；也提出"推动农村基础设施提档升级"，具体包括加快农村公路、供水、供气、环保、电网、物流、信息、广播电视等基础设施建设，建议重点关注公路、电网、工程机械、管网等受益领域。2018年国务院在《中共中央　国务院关于打赢脱贫攻坚战三年行动的指导意见》中提出完善农村冷链物流配送体系，加快推进"快递下乡"工程。

（5）在物流业发展方面，2018 年 1 月国务院办公厅发布《关于推进电子商务与快递物流协同发展的意见》，提出要提高电子商务与快递物流协同发展水平。2018 年 5 月的国务院常务会议对进一步促进物流降本增效做出部署，明确提出从 2018 年 5 月 1 日至 2019 年 12 月 31 日，对物流企业承租的大宗商品仓储设施用地减半征收城镇土地使用税；提出了"对挂车减半征收车辆购置税"等支持性政策；推动取消高速公路省界收费站。2018 年 5 月 1 日起执行的《快递暂行条例》第十一条则明确指出，国家支持和鼓励在农村、偏远地区完善快递服务网络，解决物流配送"最后一公里"问题。2019 年中央一号文件《中共中央　国务院关于坚持农业农村优先发展做好"三农"工作的若干意见》文件发布，提出深入推进"互联网＋农业"，继续开展电子商务进农村综合示范，实施"互联网＋"农产品出村进城工程，并鼓励企业建立乡村物流配送网点。2019 年 1 月开始实施的《中华人民共和国电子商务法》，明确快递绿色包装的上位法依据，制、修订《快递封装用品》系列国标和《邮件快件包装填充物技术要求》等行业标准，印发《快递业绿色包装指南（试行）》。

（6）在电商发展方面，2019 年交通运输部发布《关于推进乡镇服务站建设加快完善农村物流网络节点体系的意见》，更是明确给出了农村物流发展的新格局。2019 年 3 月李克强总理在第十三届全国人民代表大会二次会议的政府工作报告中提出要"健全农村流通网络，支持电商和快递发展"。2019 年 9 月，发改委印发《关于支持推进网络扶贫项目的通知》提出，扎实推进农村电商扎实推进农村电商：支持"互联网＋"农产品出村进城工程，建立完善适应农产品网络销售的供应链体系、运营服务体系和物流、仓储等支撑保障体系，推动贫困地区农产品上网销售，实现优质优价，助推脱贫攻坚；支持农村物流配送体系建设，进一步提升贫困地区快递网点乡镇覆盖率。商务部、财政部等部门从 2015～2019 年连续五年在全国开展了"电商进农村综合示范"工作，给予各示范县资金和政策支持发展农村电商及物流体系建设。

（7）专项规划或区域性规划方面，为推动农村电商及物流发展，国家和地方也相继出台了一系列与电商物流相关的专项发展规划和标准,如关于全国电子商务物流发展专项规划(2016-2020年)、电子商务"十三五"规划、商贸物流"十三五"规划、国内贸易流通"十三五"规划、全国农业现代化规划(2016-2020年)、《快递暂行条例》、北京市地方标准《食品冷链宅配服务规范》等,这些规划和标准均对我国农村电商物流发展提出了相应要求,为农村电商物流发展带来了重大历史机遇。

二、基础设施逐步完善

1. 物流交通网络形成

我国交通大动脉发生了翻天覆地的变化,过去主要依赖京广铁路,现在"三纵五横"大动脉、"八纵八横"高铁网、"八大粮食物流通道"、"一带一路"经"六大经济走廊"以及37个国家重点节点城市、66个区域节点城市,此外还有"一小时城市圈"、全国智能骨干网络、农产品电商网络的形成,都是过去所没有的。2019年9月,国家发展改革委、交通运输部联合印发《关于做好2019年国家物流枢纽建设工作的通知》(发改经贸〔2019〕1475号),共有23个物流枢纽入选2019年国家物流枢纽建设名单。涵盖陆港型、空港型、港口型、生产服务型、商贸服务型、陆上边境口岸型等6种类型,有利于支撑"一带一路"建设、京津冀协同发展、长江经济带发展、粤港澳大湾区建设、长三角区域一体化发展、西部陆海新通道等重大战略实施和促进形成强大的国内市场。

2. 农村交通基础设施建设加快改造

近年来,我国农业农村交通基础设施加快建设,基础设施水平不断提升。2016~2018年,全国新改建农村公路90.67万公里,完成3.2万个行政村通硬化路建设。据交通运输部统计,全国农村公路总里程由1978年的59.6万千米增加到2018年的404万千米。2018年底,通公路的乡(镇)占全国乡(镇)总数99.99%,其中通硬化路面的乡(镇)占全国乡(镇)总数的99.60%,行政村通公路比例达99.44%,全国乡(镇)、行政村通客车率超过99%和97%。2018年,我国农村居民住宅外道路为水泥或柏油路面的户比重为 75.4%，比 2013 年提高 24%。农普结果显示，99.5% 的村已通电话，89.9% 的村已通宽带互联网，82.8% 的村安装了有线电视，61.9% 的村内主要道路有路灯。农村用电量由 1952 年的 0.5 亿千瓦时增加到 2018 年的 9359 亿千瓦时。

3. 信息网络基础设施建设不断加强

农村及偏远地区网络基础设施的不断提升，为农村电商物流发展提供了网络保障。随着国家实施宽带中国战略，加快推进宽带乡村工程建设和电信普遍服务补偿试点，我国农村互联网基础设施得到快速发展。

截至 2018 年底，我国行政村通光纤比例已从电信普遍服务试点前的不到 70% 提升至目前的 96%，行政村 4G 网络覆盖率达 95%，农村互联网普及率达 38.4%，较 2017 年提升 3%。贫困村通宽带比例提升至 97%，其中固定宽带用户数增至 4522.9 万户，移动宽带用户数增至 16854.6 万户。自然村电话普及率达 99.7%，有线电视信号普及率达 98.1%。

4. 农村物流基础设施建设

随着生鲜电商、新零售、新餐饮等业态涌现，农村电商主体为了解决物流配送的"最后一公里"难题，兴建了不少配送站和冷库等，特别是随着农产品电商产地化发展，渠道继续下沉，对加快我国农产品流通的"末梢循环"起到不可忽视的作用。

比较典型的有：一是冷链节点建设。随着消费者对冷链物流企业的辐射半径和时效性有了更高的要求，市场上出现一批具备全国性服务能力的冷链物流企业，如顺丰冷运、京东物流、苏宁物流、安鲜达物流、荣庆物流等，连锁物流企业正在加速发展，通过全国性冷库节点，拓宽大中小城市的运输网络，延伸"最后一公里"的配送能力，提升链条管理，提高冷链物流效率。二是配送点建设。随着农村电商生态逐步成熟，网络零售市场渠道进一步下沉，加速向中小城市及县乡村渗透，农村电商物流体系也逐渐完善。根据第三次全国农业普查结果显示，全国有 25.1% 的村有电子商务配送站点。2018 年，全国农村电商超过 980 万家，累计建设县级电子商务服务中心和县级物流配送中心 1000 多个，乡村服务站 8 万多个，累计

"邮乐购"站点 46 万个,快递网点已覆盖乡镇超过 3 万个,全国快递末端网点备案数量已突破 10 万个,初步形成了县、乡、村的三级物流配送体系。

三、流通组织不断壮大

区别于传统的农产品流通组织,新型农产品流通组织不仅有大量的农村流通合作社组织出现,还有一大批农产品电商、物流企业、专业农产品供应链公司等新型流通主体出现,从传统的组织扁平化发展向网络化和平台化方向发展。

从发展轨迹来看,我国的农产品流通渠道分为三个阶段,目前属于三个阶段重叠期,三个发展阶段的流通组织并存,形成庞大的流通组织结构,逐步向平台化方向发展。

1. 以批发市场为核心的发展阶段

此阶段盛行于 20 世纪 80～90 年代,目前仍然存在。这种流通渠道模式以批发市场为核心,其中成员众多。它将小规模农业散户同大市场衔接在一起,专业合作社或基地等合作组织统一收购农业散户生产的农产品后,经由产地批发市场、销地批发市场流通到政府机关单位,企业及事业单位食堂、大中型餐饮业,或者再通过农产品集贸市场或社区商店最后流向居民或小餐饮业。批发商是该农产品流通模式的主体,批发市场则为主渠道。① 这种流通渠道模式利用其自身的强大集(农业散户)、散(分散的消费者)功能,将各价格档次的农产品流向消费市场终端,满足不同层次的消费需求。

2. 以连锁经营为核心的农超对接发展阶段

此阶段出现于 21 世纪之后,目前仍然盛行。农超对接模式是指超市、生鲜连锁公司与农产品生产供应端(生产基地、农民专业合作社或种植公司等)直接建立长期的契约关系,形成固定的供需合作伙伴。此模式去除

---

① 陈秀兰,章政,张喜才.中国农产品批发市场提档升级的模式与路径研究:基于世界农产品批发市场五大通行原则的经验借鉴 [J].中国流通经济,2019(2):30-37.

了中间批发环节，采取产地直供或产地直采的形式，保障了农产品的新鲜度和品质，也提高了采购效率，降低了流通成本。使用该模式的代表性企业如家乐福、沃尔玛等大型连锁超市，还有服务各地域社区居民生活的生鲜连锁公司。此模式在实践中大致有三种类型①：①"农户→合作社+生产基地→超市+生鲜连锁→消费者"模式。农户通过合作社或生产基地与连锁超市对接，不过流通中的加工及物流作业需要第三方物流公司的介入。②"农户→农产品经纪人→超市+生鲜连锁→消费者"模式。农户通过农产品经纪人和超市搭建销售纽带。经纪人承担农产品的物流、简单加工及包装，并且根据各超市订单需求向其配送符合质量安全要求的农产品。③"种植公司→超市+生鲜连锁→消费者"模式。种植公司与连锁超市、生鲜连锁公司直接对接，这种方式缩短了农产品中间的流通环节，最终成本自然降低了。

3. 农产品电商发展阶段

农产品电商始于 2012 年，目前发展迅猛。2012 年，随着"互联网+"的兴起和发展，催生了一大批农产品电商，改变了农产品以往只在线下的交易方式，是农产品借助互联网流通的新型渠道模式。以特色农产品为例，其流通渠道模式如图 8-1 所示，其中，流通组织包括农业散户、农民股份制合作社、农产品加工企业、技术服务人员、物流公司、城市社区体验店、农产品电商企业等。

目前以上三种发展模式并存，农产品流通组织空前壮大。它将农业散户、农民股份制合作社、农产品加工企业、技术服务人员、农产品批发市场、连锁经营商店、第三方物流公司、城市社区体验店、农产品电商企业等与消费者连接起来，形成分工明确、高效便捷、成本低廉的农产品流通和销售网络。

---

① 张建奇. 基于新零售思维的特色农产品新型流通模式展望［J］. 经营与管理，2020（4）：23.

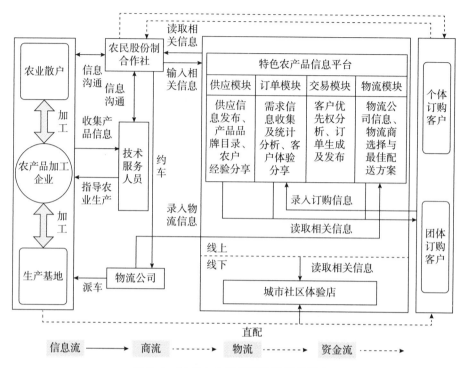

图8-1 特色农产品新型流通渠道模式

资料来源：张建奇．基于新零售思维的特色农产品新型流通模式展望［J］．经营与管理，2020（4）：23．

四、电商平台蓬勃发展

目前，电商平台是农产品流通最具影响力的渠道，近几年发展规模迅速增长，并且出现了像阿里巴巴、拼多多、京东、苏宁等巨无霸农产品电商主体。

1. 发展迅猛

根据《中国农村电商物流发展报告》统计数据，2018年全国农村网络零售额达1.37万亿元，同比增长30.4%；全国农产品网络零售额达2305亿元，同比增长33.8%；其中县域农产品、农产品加工品及农业生产资料网络零售额为4018亿元。2018年全国832个国家级贫困县实现网络零售额 1109.9 亿元，同比增速 29.5%，高出农村整体增速 7.15%，带动贫困群众持续增收。据商务部统计，2019 年上半年全国农村网络零售额达7771.3 亿元，同比增长 21.0%，增速高于全国 3.25%，与上年同期略有提升；农村实物商品网络零售额为 6068.6 亿元，占全国网络零售额的78.1%，同比增长 23.3%；全国贫困县网络零售额达 659.8 亿元，占全国农村网络零售额的 8.5%，同比增长 18.0%；全国农产品网络零售额为1873.6 亿元，同比增长 25.3%，高于全国网上零售额增速 7.55%，其中奶类、水果和粮油同比增速排名前三，分别为 46.1%、44.7% 和 34.6%。2019 年 1~11 月，全国农村网络零售额达 15229 亿元，同比增长 19%；全国农产品网络零售额 3556 亿元，同比增长 26.6%。

2. 出现体量巨大的电商企业

随着越来越多的电商企业涉足农产品流通领域，集团化电商企业由于资金充足、管理规范，在农产品流通和销售方面更具优势，如阿里巴巴、拼多多、京东、苏宁等。

（1）阿里巴巴。目前阿里巴巴集团农村淘宝已在全国 30 个省份近 900个县域落地，并上线了 500 多个兴农扶贫产品，建设了 33 个淘乡甜种植示范基地。2017 年 8 月开始上线兴农扶贫服务站。另外，除了自建菜鸟物流网络外，阿里巴巴以 45 亿元投资汇通达，将在供应链、渠道、仓储和物流、技术系统等维度展开深度合作，为农村市场提供包括品牌专供、新零售系统和物流系统解决方案等一系列服务，为农村商业基础建设赋能。

（2）拼多多。2019 年拼多多平台农（副）产品成交额达 1364 亿元，较上年同比增长 109%，进一步扩大了全网农产品上行领先优势。2019 年，拼多多额外投入 159 亿元营销资源及 29 亿元现金补贴以推广农产品。平台单品销量超 10 万+的农（副）产品达 1500 款，较上年同比增长近 230%。2019 年一年内，平台农（副）产品活跃商家数量达 58.6 万，较上年同比增长 142%，由平台直接带动的新农人超过 86000 名，覆盖中国各大主要农产区。

（3）京东。京东农村电商以直营为主，通过直营的县级服务中心和合作开设的京东帮服务店模式拓展农村市场。其具体做法是整合当地供应商资源在县级建立仓储和配送中心，从县级中心再配送到乡村京东帮服务店。2018年，京东农场正式上线。目前，已经在全国范围内完成了17家高标准合作示范农场的建设。此外，京东还将建立"京品源京东自营旗舰店"——京东农场专属线上平台，直接销售农产品。

（4）苏宁。目前苏宁在农村一线开设线下门店数量达到5000余家，线上依托苏宁拼购、苏宁超市、苏宁易购中华特色馆及苏宁小店，全渠道累计实现农产品销售近100亿元。2019年，苏宁还推出苏宁拼购"包山包湖包海"战略，并落地20个"拼基地"，完成生鲜供应链第一阶段建设。

第二节　农产品流通存在的问题

2012年8月国务院发布《关于深化流通体制改革加快流通产业发展的意见》指出"改革开放以来，我国流通产业取得长足发展，交易规模持续扩大，基础设施显著改善，新型业态不断涌现，现代流通方式加快发展，流通产业已经成为国民经济的基础性和先导性产业。但总的来看，我国流通产业仍处于粗放型发展阶段，网络布局不合理，城乡发展不均衡，集中度偏低，信息化、标准化、国际化程度不高，效率低、成本高问题日益突出"。当年这些对中国流通业的总体分析目前仍然适合，但由于实际情况千变万化，中国流通业存在的问题，特别是农产品流通存在的问题也在发生新的变化。就当前中国农产品流通存在的问题来讲，主要表现在以下几个方面：

一、小生产与大市场之间的矛盾

由于我国特殊国情，如城乡二元经济结构和土地承包责任制等，导致我国的农业发展无法走上现代农业发展之路，企业化发展模式受限。而随着消费者对农产品的需求越来越多样化，产品和服务品质要求越来越高，以农产品电商为龙头的农产品流通组织、市场规模越来越大，组织化程度越来越高，大市场必然要求大生产。而供应端的生产模式——小生产显然无法满足大市场的要求。在当前现有的条件下，如何提高农民的组织化程度、提高农业生产的集约化程度成为解决矛盾的主要方向。提出允许土地流转，鼓励发展大农户、大农场、农业公司、农业合作社、农业产业园等，为解决这一矛盾提供了外部条件。

二、食品安全问题

从 2013 年到 2019 年的政府工作报告中，食品药品安全连续七年列入群众不满意的行列，对食品安全的重要性需要一个再认识①。食品安全是民生工程，社会关注度高，舆论燃点低，一旦出问题，很容易引发群体事件。食品安全是绿色工程，是贯彻绿色发展理念的重要指标，食品不安全就不可能是绿色经济，就不可能持续发展，就不符合高质量发展要求。目前，我国的农产品食品安全问题尚未得到解决。即使到 2018 年，我国食品安全的合格率也只达到 97.6%。这既是一个成绩，也是一个问题。为什么说它是一个问题？虽然说 97.6% 的产品是安全的，但 2.4% 或者说 1% 或者 0.1% 的不安全，对于某个消费者来讲就是 100% 的不安全。②

三、诚信缺失问题

目前我国农产品流通领域诚信体系缺失仍然严重。在生产端，订单"毁约"常见，短视的失信行为多发。由于农产品"经验品""信任品"的双重属性，交易信息不对称，易于产生"柠檬市场"，导致低端劣质农产品极易出现。在销售端，如"五常大米假天下，天下大米假五常"，诚信体系缺失问题严重影响和制约我国农产品流通体制的安全和健康可持续发展。当前正在实施的"红黑名单"制度尚需要一定的时间才能够起到根

---

① 丁俊发. 建国 70 年"三农"与农产品流通的艰难探索 [J]. 全球化，2019（10）：16-27.
② 洪涛. 我国农产品流通 70 年发展报告 [J]. 商业经济研究，2019（21）：191-193.

本性的作用。

四、标准化不严问题

农产品标准化作为一种制度体系，既能够规范生产要素、农产品等市场客体，又能规范生产者在生产过程中的操作规程等主体，通过明确生产者、经营者和消费者之间的责、权、利，有效减少市场交易活动中存在的信息不对称等现象，规范市场交易秩序，有效降低交易风险和费用，进一步提高农产品市场流通率和农业生产经营效率[1]。为了实现农产品标准化，需要对农产品质量分等分级。农产品质量分等分级主要是指将不同质量的农产品，按照农产品质量标准进行归类、分级。

目前我国农产品标准化缺失，农产品质量分等分级没有严格的统一标准，以致不能有效地反映农产品相应费用、价格及其功能用途，无法满足消费者对农产品不同的质量要求和产品预期。[2]

五、农产品电商上行发展难题

自 2014 年以来，商务部与农业部（现农业农村部）开始推行农商互联："联产品、联设施、联标准、联数据、联市场"，取得了可喜成绩，但是农产品电商赋能产销精准对接的机制仍然没有形成，产销脱节现象仍然十分严重。由于农产品是季节性生产、全年消费，地域性生产、全国甚至世界性消费的产品。生鲜农产品品类繁多，其生物学属性决定了其易腐性。与工业品相比，生鲜农产品对企业的贮运保鲜能力、供应时效能力和成本控制能力等提出了更高的要求，也给农产品上行提出了更大的挑战。产地缺乏从预冷、分级分选、保鲜和蓄冷包装到贮运设施的全链条生鲜农产品物流品控技术，直接降低了农产品的保鲜期、新鲜度和好果率，也增

---

① 臧佳，田尉婧. 我国农产品质量分级标准存在的问题与对策 [J]. 河南农业，2019（29）：57-58.

② 洪潇. 农业标准化与农产品质量分等分级阐述 [J]. 农业与技术，2020，40（13）：165-166.

大了农产品品牌打造的综合成本，挤压了农产品优质优价的实际利润。[①]

第三节　农产品流通的未来展望

综观我国农产品流通已经取得的成果和仍然存在的问题，未来，我国农产品流通应该在体系重构、新基建建设、市场主体培育、线上线下融合发展和跨界融合发展五个方面共同发力，走上安全、健康、绿色、可持续发展之路。

一、重构农产品现代流通体系

重构农产品现代流通体系迎来历史机遇期。一方面，强大内需市场和消费升级对打造农产品新流通体系提出要求。当前内需已成为我国经济增长的主要动能，超大规模经济在农产品流通领域已经初显。2019 年我国粮油食品类零售总额达 1.45 万亿元，与 2018 年相比增长 10.2%，其中农产品网络零售额突破 3000 亿元，农产品消费增速超过社会消费品零售总额增速，农产品网络销售增速也超过了电商行业平均水平，显示出巨大的增长潜力。强大的内需市场和消费升级呼唤农产品流通体系重构。另一方面，电商新模式加速发展为农产品流通模式变革带来动能。4G 和智能手机的普及拉开了我国移动互联网经济的发展序幕，短短数年，移动互联网电子商务、外卖、跑腿等流通模式创新，带动了我国传统零售加速向新零售转型，催生了以盒马鲜生、美菜网、拼多多等为代表的农产品新流通品牌，也带动了传统果蔬零售纷纷加速向 O2O 一体的新零售模式转型。随着 5G、物联网技术在农产品流通领域的加快应用，短视频营销、直播购物、电商拼团等新销售模式将进一步发力，新电商经济、网红经济为我国农产品流

---

① 丁俊发 . 建国 70 年"三农"与农产品流通的艰难探索［J］. 全球化，2019（10）：16-27.

通模式变革带来重大机遇，也为我国经济社会发展注入新动能。

我国农产品流通体系迭代更新速度严重滞后于我国新经济、新消费发展要求，农产品供需对接不精准、流通渠道部分中断等问题不断凸显。未来，应考虑利用我国广覆盖的世界级电商快递物流网络条件，依托新技术应用和流通模式创新，引导打造区域农产品流通组织中心，推动农产品流通领域新基建，鼓励龙头电商、快递、新零售企业联合赋能，培育壮大农产品流通新经济，重构我国农产品现代流通体系，提升我国农产品流通品质。

二、加快农产品流通领域新基建

推动农产品流通领域新基建，补齐农产品流通基础设施短板，对提升农产品流通品质形成良好支撑。一是围绕农产品种植地，根据流通需要集中建设一批预冷库、洗选分拣中心、预处理中心，确保农产品源头品质。二是围绕区域农产品流通组织中心，重点建设包括冷库、自动化分拣线、包装和流通加工库房、电商孵化基地等适应农产品新流通的集散型基础设施。三是围绕农产品需求集中区域，打造公共服务型农产品智能云仓，满足水果、蔬菜从产地整车运输至销地的集中冷藏需求，为生鲜社区团购与直配、商超配送提供云仓共配服务。四是加大中央厨房建设力度，促进中央厨房模式下的半成品食品配送业务发展，形成城市农产品消费新供给。五是加大终端智能快递柜普及力度，破除市场壁垒，采用市场化运作方式，在社区、办公区集中布局一批智能温快递柜，解决农产品流通"最后一公里"难题。

三、壮大农产品流通市场主体

适应农产品流通体系重构要求，培育壮大各类新型农产品流通企业。一是鼓励拼多多等龙头电商企业和顺丰、三通一达等龙头快递企业强强联合，入驻区域农产品流通组织中心，开展农产品上行的组织化和规模化运作，促进农产品电商快递行业进一步扩张。二是推动每日优鲜、叮咚买菜、本来生活、美菜网等农产品自营电商平台通过区域农产品流通组织中心对接产地，促进其进一步做大做强。三是加大对盒马鲜生、七鲜生鲜等线上线下一体的农产品新零售企业的支持力度，鼓励其与原产地深度合作，打造我国农产品品牌，满足国内消费升级的中高端农产品需求。四是鼓励城市农产品批发市场、农贸市场等传统流通经营主体进行互联网、数字化升级改造，增强物流服务功能，利用外卖、跑腿平台拓展线上销售，适应居民多样化的消费需求。五是鼓励大型商场、实体连锁生鲜店拓展线上销售渠道，实现线上线下一体化发展，推动连锁餐饮企业建立中央厨房，拓展速冻、半成品菜品的店铺自取和社区配送，主动适应消费升级新需求。

四、推动农产品电商线上线下融合发展

随着互联网在中国的迅速普及和应用、相对低廉丰富劳动力资源、14亿人口背后潜藏的巨大市场需求、资本力量的强力推动，以及宽松的电商营商环境等，造就了中国电商特别是农产品电商的大规模发展和日益繁荣，同时也推动着电商行业的大规模洗牌和快速迭代。面向未来，基于农产品批发市场转型升级和农产品电商迭代、渗透的大趋势，农产品电商与农批市场必将走向融合发展的方向。

未来，传统的农产品批发市场需要关注和研究生鲜电商发展新趋势，不断推进网上批发市场发展模式的探索和实践（线上线下融合发展：线下资源优势带动线上业务发展、线上低成本信息获取、交流和处置等优势促进线下实体市场）。

一方面，以互联网为依托，通过运用大数据、人工智能等先进技术手段打造具有行业引领性的智慧新型农产品批发市场。互联网与传统零售商业的"线上+线下"深度融合发展模式，某种意义上已经颠覆了传统意义上的零售业态，这就是当今中国所谓的"新零售"。农产品批发行业要加强互联网、大数据、人工智能等新技术、新模式在农产品批发行业的全过程应用，通过互联网和相关信息技术和手段的应用，在交易集散、价格发

现、仓储物流、进出口贸易、集成配送、消费体验等方面完善和提升实体市场平台功能，以信息化为基础，探索构建标准化、系统化、模块化的农产品交易市场管理体系，最终实现批发市场的数字化运行、智能化管理、集成化服务的智慧新农批。

另一方面，积极引导和创造适应农产品电商发展的基础条件和环境，实现实体农产品批发市场与生鲜电商联动发展。生鲜电商的发展已成为趋势，中小型生鲜电商的货源很大部分就直接来源于实体农产品批发市场。从某种意义上看，生鲜电商不仅可以为实体市场带来人流量，还能为市场内经营户带来业务增量，增加黏性和收益。鉴于此，农批市场必须主动转型，要大力培育和发展信息服务、物流配送、冷链仓储、供应链服务、集供集配、金融等平台服务功能，部分枢纽型农批市场可以尝试探索设立电商产业孵化园等，通过这些方式，创造更加适应生鲜电商发展的基础条件和环境，集聚电商企业群，促进电商企业发展壮大，同时带动实体市场自身发展。

五、实现"互联网+"时代的跨界融合

在原有的经济模式下，各个行业均有相对清晰的产业界限，可是在"互联网+"的大环境下，各个产业之间的边界被模糊化，持续深化跨界融合有了进一步的可能性，这将带动传统产业结构的充分调整和持续深化，从而延伸了产业空间的拓展程度，使农产品流通链的改革更加成为可能。不过，实现"互联网+"时代的跨界融合需要满足以下条件：

一是加强产业集聚，完善物流配送体系互联网时代最大的特征就是能够对各领域各产业的信息资源进行准确高效的整合。首先，通过信息聚集、联合大量不同规模的农产品企业，成立产销联盟降低物流成本。其次，成立农产品电商平台与物流企业的对接试点，引导一批以提供专业化服务为定位的农产品物流企业进行技术试验，力争实现产品全程物流动态的定位跟进。由于生鲜农产品对运输过程的储藏温度、保质时间都有严格要求，因此对农产品进行实时追踪，掌握其从出库到抵达目的地的情况，

能够有效把握农产品质量，保证产品完好到达顾客手中。

二是建立和完善农产品标准化体系。首先，以推动成立农业合作社等方式，引导各农户进行土地经营权的转让，开展土地资源整合工作。同时辅以政策鼓励支持，大力宣传体系标准化所能带来的长远收益，带动小规模、分散化的农户经营方式向机械化、一体化的农业生产基地模式逐步转变，从而奠定农产品标准化生产的基础。其次，完善农产品质量认证体系。政府相关部门应不断完善各类农产品质量认证标准，构建统一的农产品质量认证体系，按品质优劣对农产品进行等级的分类，使农企生产与农产品电商平台所发布的信息和给出的相关质量认证有据可按、有迹可循。并同时开展对农户的科普宣传、技术培训，对于表现突出者给予生产模范标兵等称号，逐步形成标准化生产的农产品产业集群。

三是打造融合"互联网+"的农产品信息交互平台，完善农产品市场预警机制。对农产品市场进行风险预测和分析，依据推测出的风险程度制定相应防控措施，防止由于供求和价格剧烈波动引起的市场动乱。另外，加强和相近发展模式的发达国家的交流，借鉴其在农产品市场改革成功的经验，制定符合我国的市场预警机制工作的长期规划。建立农产品信息平台+移动APP的模式，通过信息平台发布相应时令农产品的供求信息，牵线农户与经销商，避免农户基本上是自售或坐等批发商上门收购的情况，提高农户的积极性与主动性。同时通过移动APP牵线消费者与各大生鲜超市和批发市场，通过同城物流的运作达到消费者的需求，获得消费者的信赖。

参考文献

［1］安建明，霍学喜，刘瑜. 我国农村市场中介组织发展模式研究 ［J］. 生产力研究，2007（15）：26-27.

［2］卞国清. 发展农民专业合作社为主体的农产品流通模式研究 ［D］. 南京财经大学硕士学位论文，2016.

［3］陈晓东，李晏墅. 推进农产品流通现代化提升"三农"利益 ［J］. 财贸经济，2004（12）：58-61.

［4］程漱兰，徐德徽. 关于农产品流通体系建设的思路和对策建议 ［J］. 农业经济问题，1998（7）：2-9.

［5］丁宁，陈阿兴. 零售企业开拓农村市场的阶段划分及影响因素——以苏果超市有限公司为例 ［J］. 财贸研究，2013，24（1）：49-54.

［6］方志权，焦必方. 中日鲜活农产品流通体制若干问题比较研究 ［J］. 现代日本经济，2002，20（5）：39-43.

［7］龚鹏. 我国农业产业化经营的有效组织模式 ［J］. 四川农业科技，2005（9）：9-11.

［8］郭爱民，弓成林，汪小伟. 日本农业科研推广与产品流通体系的现状及启示 ［J］. 西南园艺，2001，29（2）：53-54.

［9］贺珍瑞. 农产品流通体系对农村消费需求的影响分析 ［J］. 山东农业大学学报（社会科学版），2007，9（3）：23-26.

［10］湖北省计委赴法国考察组. 法国农业发展的特点及启示 ［J］. 计划与市场，2002（7）：24-26.

［11］黄祖辉，刘东英. 我国农产品物流体系建设与制度分析 ［J］. 农

业经济问题，2005（4）：49-53.

[12] 李先德，宗义湘.中法农产品贸易现状和发展对策 [J].世界农业，2004（8）：27-29.

[13] 纪判桂.供销社走出困境的对策——对福州市供销社系统经营状况的调查 [J].福建金融，1991（6）：53-54.

[14] 蒋和平，何忠伟.中国农产品和农资连锁经营的前景展望和政策支持方向 [C] // 促进农民增收的技术经济问题研究——中国农业技术经济研究会 2004 年学术研讨会.

[15] 孔凡真.国内外农产品加工业现状及启示 [J].农业工程技术：农产品加工业，2009（2）：32-34.

[16] 马清梅.农村连锁超市发展策略研究 [J].商业经济研究，2010（7）：11-12.

[17] 马斌.浅谈我国农村超市连锁的发展 [J].农业经济，2008（6）：85-86.

[18] 马玲玲.我国现阶段农产品流通模式与现状 [J].中国食品，2016，705（17）：88-89.

[19] 欧翠珍.“万村千乡市场工程”的消费效应评析与前瞻 [J].消费经济，2006，22（6）：36-38.

[20] 商蓉.苏农连锁 为农服务 [J].农家致富，2005（11）：26-27.

[21] 童智.精准扶贫视角下的农业品牌建设研究——以鹤峰印象为例 [J].现代商业，2018，499（18）：34-35.

[22] 田维明.中日韩农产品贸易现状和前景展望 [J].农业经济问题，2007，28（5）：4-11.

[23] 涂洪波.中美日法农产品流通现代化关键指标之比较 [J].中国流通经济，2013，27（1）：22-27.

[24] 孙焰，彭晨鹏.生鲜农产品物流网络研究综述 [J].综合运输，2019，41（03）：110-115.

[25] 谢培秀.试论发展中国的农业物流业 [J].中国流通经济，2003，

17（11）：26-29.

[26] 吴瑾. 居民消费结构、产业结构与经济增长 [J]. 经济问题探索，2017（12）：23-27，185.

[27] 王成慧，郭冬乐. 我国农村流通发展 30 年之成就 [J]. 中国流通经济，2008，22（12）：8-11.

[28] 王崇锦. 我国农产品电子商务模式研究 [D]. 华中师范大学硕士学位论文，2013.

[29] 王丹. 苏农集团加快构建现代为农服务新体系 [J]. 中国农资，2010（8）：65.

[30] 王建强. "互联网+" 背景下的农产品冷链物流发展模式创新策略研究 [J]. 中国市场，2019（9）：177-178.

[31] 王茉. 农村居民消费行为分析——基于收入分层和消费分层的比较 [J]. 商业经济研究，2018，759（20）：121-124.

[32] 王新利，吕火花. 农产品流通体系对农村消费的影响 [J]. 农业经济问题，2006（3）：69-71.

[33] 翁心刚. 对我国物流业特征及创新发展的再思考 [J]. 中国流通经济，2017，31（3）：8-15.

[34] 翁志辉，曾玉荣，许正春等. 国内外农产品加工业发展现状、特点及对我省的启示 [J]. 福建农业学报，2005b，20（12）：194-200.

[35] 西西. "万村千乡市场工程" 试点规划工作进展顺利 [J]. 商业时代，2006（21）：10-10.

[36] 杨静. "万村千乡" 市场工程发展现状与模式 [J]. 商业经济研究，2013（2）：22-24.

[37] 杨西京. 中国农产品加工产业的发展与对策 [J]. 经济研究参考，1997（98）：19-24.

[38] 杨小梅. 国内外农产品加工业发展现状及方向 [J]. 魅力中国，2010（4）：8-9.

[39] 赵晓飞，田野. 我国农产品流通渠道模式创新研究 [J]. 商业经

济与管理，2009，1（2）：16-22.

［40］张鑫.电子商务背景下农产品流通模式分析［J］.商业经济研究，2016（16）：167-168.

［41］张丽.新时代我国农产品物流发展瓶颈及对策分析［J］.农业经济，2019（3）：137-138.

［42］张武康."万村千乡"市场工程长效机制构建的探索［J］.经济论坛，2007（20）：136-138.

［43］张满林.我国农产品流通体制的改革与创新［J］.商业经济与管理，2008，203（9）：9-15.

［44］朱晓东，杨小雷.农村连锁超市发展问题探析［J］.农村经济与科技，2008，19（12）：73-75.